Rosemarie Killius

Frauen im Krieg

Rosemarie Killius

Frauen im Krieg

Zehn Schicksale im Zweiten Weltkrieg

Frank & Timme
Verlag für wissenschaftliche Literatur

Umschlagabbildung: Die sowjetische Scharfschützin Ljudmila Pawlitschenko (links) und eine unbekannte Kämpferin im „Großen Vaterländischen Krieg". Pawlitschenko wurde 1916 in der Nähe von Kiew geboren. Sie starb 1974 in Moskau. Sie kämpfte im Zweiten Weltkrieg in Odessa und Sewastopol und war später als Ausbilderin für sowjetische Scharfschützen tätig.

Abbildungen im Buch: Archiv Rosemarie Killius

ISBN 978-3-7329-0878-3
ISBN E-Book 978-3-7329-9090-0
ISBN E-Pub 978-3-7329-9102-0

Herstellung durch Frank & Timme GmbH,
Wittelsbacherstraße 27a, 10707 Berlin.
Printed in Germany.
Gedruckt auf säurefreiem, alterungsbeständigem Papier.

www.frank-timme.de

Inhaltsverzeichnis

Skizzen zum historischen Kriegsgeschehen 7

ADLIGE FRAUEN 19

Die Künstlerin – Tisa von der Schulenburg 31

Die Krankenschwester – Ursula von Schlabrendorff 51

FRAUEN IN DER GESCHICHTE DES MILITÄRS 75

Das Blitzmädchen – Ursula Rung 89

Die Generalstabs-Sekretärin – Maria Gerhardt 101

FRAUEN IN DER SOWJETUNION 119

Die Scharfschützin – Nina Alexeevna Lobkovskaja 129

Die Ostarbeiterin – Lidia Saslawskaja 141

JÜDISCHE FRAUEN **151**

Die Résistance-Kämpferin – Lilli Segal 163

Die Polin aus Lodz – Dorka Sierakowiak 181

FRAUEN BEIM INTERNATIONALEN MILITÄRTRIBUNAL (IMT) IN NÜRNBERG **203**

Die Übersetzerin – Jane Lester 209

Die Simultandolmetscherin – Tatiana Sergeevna Stupnikova ... 217

Schlussbetrachtung 229

Bibliografie 233

Personenregister 241

Skizzen zum historischen Kriegsgeschehen

Wie haben Frauen Kriege erlebt und verarbeitet?

Die Ur-Katastrophe Krieg ist aktueller denn je und hat auch im 21. Jahrhundert ihren Schrecken nicht verloren. Nicht nur wurden im 20. Jahrhundert in deutschem Namen zwei Weltkriege angezettelt; sogar im 21. Jahrhundert hat mitten in Europa, als die beiden Weltkriege längst Geschichte waren und kaum noch Zeitzeugen der großen kriegerischen Ereignisse lebten, Russland in einem für die westlichen Länder anscheinend überraschenden Eroberungs- und Vernichtungskrieg die Ukraine überfallen. Die Brutalität der Aggression erinnert an die Aktionen der Sowjets im Zweiten Weltkrieg und lässt keinerlei Hemmungen erkennen, auch Frauen und Kinder grausam zu attackieren.

Als Lehrstück über Frauenleben vor, während und nach dem Krieg bietet sich wieder der Zweite Weltkrieg an. Aber ebenso notwendig ist ein Exkurs in die fernere Vergangenheit.

Historischer Kontext zu den ausgewählten Frauenbiografien

Schon zu Urzeiten trugen Männer stellvertretend für die Gesellschaft die Kriege aus, damit diese unversehrt bleibt. Die Frauen bildeten das Publikum. Kriege wurden normalerweise außerhalb der Siedlungsgebiete geführt, nicht dort, wo die Frauen mit den Kindern wohnten; auch noch im Ersten Weltkrieg. Die Heimat war noch nicht Kriegsschauplatz, jedoch in wirtschaftlicher Not, die bewältigt werden musste.

Der Feminismus hat ein neues, breites Interesse an den Schicksalen von Frauen und an ihren Kriegserlebnissen hervorgerufen. Er ermöglichte eine Identifikation von Frauen mit Frauen und eröffnete ihnen ein neues Selbstbewusstsein und -vertrauen. Er erlaubt, auch der historischen Perspektive besonderes Gewicht zu geben und neue Fragen an die Vergangenheit zu stellen. Hier richtet sich das Augenmerk besonders auf die Geschichtswissenschaft, denn sie war vom doppelt männlich geprägten Blick gezeichnet: Männliche Historiker schrieben über Männer. Die Frauen waren, wenn überhaupt, schmückendes Beiwerk. Ausnahmen, deren Darstellung in dieser Studie nicht Thema ist, sind Frauen, die schon in der italienischen und französischen Renaissance als Künstlerinnen, Dichterinnen und Gelehrte bekannt wurden und die Frage nach der Gleichheit der Geschlechter intensiv diskutierten.

Neben anderen hat sich die Literaturwissenschaftlerin Ruth Klüger mit dieser Frage sehr genau beschäftigt und behauptet, dass sich Frauen und besonders intellektuell arbeitenden, also vor allem schreibenden Frauen, im 13. Jahrhundert bessere Chancen boten als beispielsweise im 17. Jahrhundert und vor der Reformation bessere als nach der Reformation, denn durch letztere sei die mittelalterliche Klosterkultur zerstört worden, in der Frauen eine Alternative für ihre Lebensgestaltung gefunden hätten.

In Schriften des 17. Jahrhunderts ist in Deutschland noch fast durchgängig von der Beschränkung „des Frauenzimmers“

auf Haus und Familie als dem eigentlichen Wirkungskreis weiblichen Daseins die Rede.

Das aufklärerische 18. Jahrhundert bringt eine gewisse Weiterentwicklung der Geschlechterdiskussionen. Als wichtiges Bindeglied zu den Frauen nach der Aufklärung ist zu erwähnen:

1754 promoviert die zielstrebige Arzttochter Dorothea Christine Erxleben an der Universität Halle zum ersten weiblichen Doktor der Medizin. Bereits 1742 hatte sie eine 250 Seiten umfassende Untersuchung über „Ursachen, die das weibliche Geschlecht vom Studieren abhalten" verfasst. Ihre Argumentation geht dahin, für beide Geschlechter dieselbe Kapazität in den Wissenschaften zu fordern.

Gleiche Rechte im politischen und bürgerlichen Leben fordert in Frankreich Olympe de Gouges (1791).

In England erscheint fast zur gleichen Zeit das Buch von Mary Wollstonecraft „Eine Verteidigung der Rechte der Frau" (1792).

Die höheren Bildungsbestrebungen von Frauen sind nicht denkbar ohne die Frauenbewegung, die seit Mitte des 19. Jahrhunderts hartnäckig und mit Nachdruck für die Zulassung von Mädchen zu höheren Schulen und zur akademischen Berufsausbildung kämpft. Sie hat dabei, getragen von den Idealen der 1848er Revolution, vor allem die Absicherung einer standesgemäßen weiblichen Existenz im Sinn.

Im Zuge der Industrialisierung und der mit ihr einhergehenden Auflösung des Familienhauses als Wohn- und Arbeitsstätte verloren die Töchter zahlloser Familien jegliche wertschaffende Aufgabe und Tätigkeit. Immer weniger waren die Eltern imstande, die Töchter auf Dauer mitzuernähren. Auch innerhalb der Verwandtschaft wurde die Bereitschaft, unverheiratete weibliche

Familienmitglieder bei sich aufzunehmen, immer geringer, denn die Ressourcen wurden auch hier knapper.

Auch die häufigen kriegerischen Handlungen trugen zu einem permanenten Frauenüberschuss bei, so dass sich die Frauen gezwungen sahen, einer außerhäuslichen Erwerbstätigkeit nachzugehen.

Die bürgerlichen Frauen strebten vor allem in soziale Berufe, während die proletarischen kaum eine Alternative zur Fabrikarbeit hatten. Ein Großteil von ihnen interessierte sich aber auch für ein Studium, das ihnen leider verschlossen blieb, da Frauen nicht das Recht hatten, Gymnasien zu besuchen und die Maturitätsprüfung abzulegen.

Zwar proklamierten die deutschen Universitäten nach ihrer Säkularisation in der Napoleonischen Zeit Werte wie humanistische Bildung, Wahrheitssuche und geistige Unabhängigkeit, jedoch galten diese Werte nur für die Männer. Frauen – ob als Lehrende, Forschende oder Studierende – erhielten keinen Platz, weder bei Fichte und Schelling noch bei Wilhelm von Humboldt, der 1810 die Berliner Universität gründete.

Eine Ausnahme bildet in diesem Kreis Schleiermacher, der in seinem „Katechismus der Vernunft der Frauen“ bereits 1798 rät: „Lass dich gelüsten nach der Männer Bildung, Weisheit und Ehre.“

Vor diesem Hintergrund formulierten der *Allgemeine Deutsche Frauenverein* 1865 und der *Frauenverein Reform* 1888 Eingaben an die Kommunalbehörden. Dennoch hielten Politiker und Ministerialbürokraten, und dies vor allem in Preußen, an ihrer starren Haltung fest.

Unter dem Titel „Nichtzulassung von Personen weiblichen Geschlechts zu den Vorlesungen an den Universitäten“ bestimmte

1886 ein Erlass des preußischen Kulturministers, dass „Frauen weder als Studierende aufgenommen noch als Hospitantinnen zugelassen werden dürfen".[1]

Diese Bestimmung hatte weitreichende Folgen. Denn von den 21 Hochschulen, die es damals im Deutschen Reich gab, befanden sich zehn auf preußischem Territorium: Breslau (Schlesien), Königsberg (Ostpreußen), Berlin (Berlin/Mark Brandenburg), Greifswald (Pommern), Kiel (Schleswig-Holstein), Halle (Sachsen), Göttingen (Hannover), Münster (Westfalen), Bonn (Rheinland), und Marburg (Hessen-Nassau).

Die rigorose Haltung gegen ein Frauenstudium hat viele Gründe: die Furcht vor Einfluss- und Kompetenzverlust beispielsweise, aber auch die Bildungsansprüche der bürgerlichen Frauen, die als zusätzlicher unkalkulierbarer Störfaktor erscheinen. Heftige Debatten um die psychische und physische Eignung der Frauen zum abstrakten Denken und logischen Handeln waren an der Tagesordnung.

In der Schweiz, ähnlich wie in Bologna, gibt es kurz vor der Jahrhundertwende eine nennenswerte Studentinnengeneration. Vor allem in Zürich schreiben sich viele Russinnen ein, u. a. Alexandra Kollontai, Deutsche wie Ricarda Huch, Polinnen wie Rosa Luxemburg oder Baltinnen wie Lydia Rabinowitsch-Kempner, die als erste Frau von Seiner Majestät den königlich-preußischen Professorentitel bekommt und im Jahr 1912 schließlich die erste Professorin Preußens wird.[2]

Im europäischen Vergleich haben die deutschen Universitäten schlecht abgeschnitten. An der Schwelle zum 20. Jahrhundert

1 Centralblatt 1886: 620 f.

2 Kempner 1986: 16 ff.

lässt u. a. England Frauen 1869 zum Studium zu, Schweden 1870, Finnland und Dänemark 1875, Belgien und Italien 1876, Holland 1878 und Norwegen 1884.

Die deutschen Universitäten blieben den Frauen länger verschlossen, abgesehen von wenigen historischen Ausnahmen. Für Künstlerinnen ergeben sich 1881 in Frankreich mit der Gründung der „Union des femmes peintres et des sculpteurs" neue Förderungsmöglichkeiten, die unabhängig von männlichen Entscheidungsgremien sind.

Die Frauengeschichtsschreibung konzentrierte sich anfangs auf die „natürlichen" Frauenrollen als Gebärende, Mütter und Prostituierte. Erst in einem zweiten Schritt näherte man sich der Arbeitswelt der Frauen: den Hausfrauen, den lohnabhängigen Frauen und ihren Qualifikationen.

Frauen in einer männlich tradierten Welt – in den ersten beiden Weltkriegen der Menschheitsgeschichte

Durch die in das Leben einschneidenden Geschehnisse, die Katastrophen, wie sie die großen Kriege des 20. Jahrhunderts waren, änderten sich Rollenbewusstsein, Lebensgewohnheiten, Selbstwertgefühle und Arbeitssituationen.

Die beiden Weltkriege haben im 20. Jahrhundert das Bild der Frauen entscheidend geprägt und verändert. Die Bilder, die Erinnerungen an die „Heimatfront" beispielsweise des Ersten Weltkrieges evozieren, sind solche von hungernden Kindern und Frauen, die mühsam, vor allem im „Kohlrübenwinter" 1916/17, nach Nahrung Ausschau halten, um in ihren vom Krieg intakten Behausungen ein armseliges Essen zuzubereiten.

Die Heimat war vor allem Hinterland und nicht Kampfzone. Hier fand die Kriegsalltäglichkeit der Frauen statt. Diese bedeutete auch an jener Heimatfront, den Kampf der Männer an der militärischen Front mittelbar mitzutragen, indem Frauen deren Aufgaben in Gesellschaft, Landwirtschaft und Industrie übernahmen.

Aber die Erfahrung von vier Kriegsjahren an der Heimatfront, vom permanenten Kampf um das Lebensnotwendige hinterließen in der Weimarer Republik auch andere Spuren, die genauso wie die brutalisierenden Fronterfahrungen dazu beitrugen, den Weg für die Nationalsozialisten zu ebnen. Ganz anders dagegen gestaltete sich dann die Situation im Zweiten Weltkrieg. Die Grenze zwischen Heimat und Front wurde aufgehoben. Es entstand die Heimatfront, die zur unmittelbaren *Kampffront* wurde.

Das **Leben im Zweiten Weltkrieg** bedeutete für alle eine Zäsur und einschneidende Veränderung. Frauen aus unterschiedlicher sozialer und politischer Herkunft haben ihr Leben wie nie zuvor organisieren müssen, um den Verlust von Angehörigen und der Heimat zu ertragen. Ihr Alltag spielte sich in der extremen Situation des Krieges ab.

Durch Luftkrieg und Flächenbombardements kamen sie dem wirklichen Kampfgeschehen an der Kriegsfront und dessen Schrecklichkeit und psychischen Nöten gefährlich nahe. Die Front war traditionell der Überlebenskampfbereich der Männer, die Heimat derjenige der Frauen.

Und die deutsche Frau an der Heimatfront wurde im Verlauf dieses Krieges einem neuen Weiblichkeitsbild gerecht. Die Beziehungen zwischen Front und Heimat waren sehr komplex und die Erlebnis- und Vorstellungswelt trat gegenseitig jedoch immer weiter auseinander.

Mit der Proklamation des „totalen Krieges" durch Joseph Goebbels am 18. Februar 1943 wurden die letzten Reserven mobilisiert und die Belastungen des Krieges prägten den Alltag, der zum Kriegsalltag wurde.

Frauenleben im 20. Jahrhundert zu schildern ist nicht ungewöhnlich. Berichte sind zahlreich vorhanden, aber kaum solche, die von fokussierten historischen Ereignissen und wichtigen Aspekten, die gerade diesen Krieg kennzeichnen, ausgehen. Auch das Verfahren, durch eine vergleichende Darstellung von je zwei Schicksalen die historische und soziale Perspektive zu erweitern, ist eher selten.

Die Geschichten dieses Buches sind Familiengeschichten, die einmalig, aber auch exemplarisch bleiben.

Als Themenschwerpunkte interessierten mich völlig unterschiedliche und für das kriegerische Geschehen unübliche Orte und Bereiche, aus denen ich Frauen treffen wollte, um etwas über die Organisation ihres Lebens in schwierigsten Umständen zu erfahren und ihnen eine Stimme zu geben.

1. Zwei Frauen, deren Brüder einen Tyrannenmord versuchten.
2. Deutsche Frauen als „Mitarbeiterinnen" beim Militär.
3. Sowjetische Frauen im Kampf für ihre Heimat.
4. Jüdische Frauen als Überlebende von Auschwitz.
5. Siegerinnen in Nürnberg beim Internationalen Militärtribunal.

Von der Forschung weitgehend übersehen und in ihren Lebensbedingungen wenig bekannt sind Frauen, die ihren besonderen Bezugspunkt durch ihre Brüder als Beteiligte des militärischen Widerstands am 20. Juli 1944 haben, russische Frauen als Ostarbeiterinnen und Kämpferinnen in der Roten Armee sowie die sogenannten Blitzmädchen, deutsche Frauen, die bei der Wehrmacht dienstverpflichtet waren. Die einzige Gruppe, die von Historikern beiderlei Geschlechts international gut erforscht wurde, sind jüdische Frauen. Aber auch hier ist der Blickwinkel, den ich einnehme, ein eher seltener: Frauen, die nach einiger Zeit aus Auschwitz entkommen konnten.

Ebensowenig ist Genaueres über Frauen bekannt, die beim großen Kriegsverbrecher-Prozess in Nürnberg, dem IMT (dem Internationalen Militärtribunal), als Dolmetscherinnen oder Übersetzerinnen beschäftigt waren.

Sie alle fanden mein großes Interesse und die Frage „*Wie war das eigentlich* damals?" konnte ich allen stellen.

Die zehn Begegnungen mit Tisa von der Schulenburg, Ursula von Schlabrendorff, Maria Gerhardt, Ursula Rung, Lidia Saslawskaja, Nina Lobkovskaja, Lilli Segal, Dorka Sierakowiak, Jane Lester und Tatiana Stupnikova fanden in Deutschland, Frankreich und Russland statt. Ihre Schicksale können ohne weiteres auch auf heutige kriegerische Handlungen und Situationen im Krieg übertragen werden.

Mein Fokus liegt in der Mitte des 20. Jahrhunderts, in der Zeit des Zweiten Weltkrieges und des Nationalsozialismus. Um die in deutschem Namen angerichteten großen Katastrophen, die alle mit Niederlagen und verbrecherischen Aggressionen von Seiten und auf Seiten der Deutschen endeten, ranken sich die einzelnen Lebensgeschichten.

Der tiefe Fall vom „Herrenmenschen“ und Eroberer Europas, mit den besten Waffensystemen der damaligen Zeit ausgestattet, zum gedemütigten Verlierer von Heimat, Angehörigen, Würde und Selbstachtung, findet sich latent in den Lebensgeschichten der vorgestellten deutschen Frauen.

Bei den Gesprächen beeindruckten mich besonders der sprachliche Ausdruck, die Vitalität und Vehemenz der Darstellung, der Habitus, körperliche Einsatz, die Fähigkeit beim Sprechen sowie die Validität der Erinnerung dieser sehr alten Frauen, aber auch ihr Umgang mit der Vergangenheit.

Da ihr Leben und Handeln im Zweiten Weltkrieg für alle eine Zäsur und einschneidende Veränderung bedeutete und als Gesprächsthema vorgegeben wurde, haben sich die Frauen gern bereit erklärt, davon zu sprechen. Die Darstellung rückt die besonderen Vergleichsmomente und die Unterschiede der Zweiergruppen jeweils in den Vordergrund.

Die ausgewählten Frauenbiografien zeigen, wie sich Frauen aus unterschiedlicher sozialer und politischer Herkunft ihr Leben organisiert haben, wie sie mit Katastrophen wie Weltkrieg, Tod von Angehörigen, Verlust von Heimat u. a. m. umgegangen sind, und wie sie sich an das Jahrhundert als alte und sehr alte Frauen in ihrem vierten Lebensalter erinnern.

Diese Frauen, meine Gesprächspartnerinnen, veränderten sich sogar äußerlich, strahlten und sahen beinahe jung aus, wenn sie in Szenen ihrer Jugend eintauchten, in denen sie froh waren. Wenn sie jedoch von leidvollen Erfahrungen im Krieg sprachen, erschienen sie plötzlich sehr alt und erschöpft.

In der deutschen Sozialforschung sind Frauenbiografien, die ihren Fokus an unüblichen Orten des Nationalsozialismus und des Zweiten Weltkrieges haben, nur ein marginales Thema.

Die historische Forschung wiederum spricht sogar von einer indirekten Emanzipationsförderung der deutschen Frau durch den Krieg, denn alle jene, die in traditionellen Männerberufen an der Heimatfront tätig waren wie z. B. Schaffnerinnen und Gasableserinnen, erhielten denselben Lohn wie ihre Vorgänger. Das war neu.

Es ist nicht zu übersehen, dass der Zweite Weltkrieg besonders jüngeren Frauen neue biografische Gestaltungsmöglichkeiten offeriert hat, zum Beispiel in Wirtschaft, im Handwerk, in der SS, bei der Reichsbahn, bei der Wehrmacht. Das Militär warb gar mit dem Slogan, jede Frau könne einen Soldaten ***„für die Front freimachen“***. Am besten ließ sich der Ersatz männlicher Büroangestellter durch Frauen durchführen, die auf diesem Gebiet schon tätig gewesen waren.

Die Mehrheit der Frauen war damals politisch desinteressiert und passte sich den Gegebenheiten an und war vielleicht auch nicht in der Lage, Zusammenhänge zu durchschauen. Und diejenigen, die sich interessierten und Kritik übten – eine nicht geringe Zahl übrigens –, mussten extrem schwere Zeiten durchmachen.

Letztlich lud der Krieg eine Riesenlast auf die Schultern der Frauen, vor allem auf die der Mütter, die das Chaos von Flucht und Vertreibung, Bombardierung, Hunger und Not mit ihren Kindern bewältigen mussten. Denn gegen Ende des Krieges standen mehr als zwölf Millionen deutscher Männer im Feld oder hausten in Kriegsgefangenenlagern und mehr als fünf Millionen waren schon gefallen.

ADLIGE FRAUEN

Raum und Identität des deutschen Adels

Die Abschaffung des Adels und die Aufhebung seiner Privilegien sind in Europa sehr weit vorangeschritten. Mehr als Herkunft, Tradition und Beziehungen spielen in der modernen Leistungsgesellschaft das eigene Talent und die eigenen Fähigkeiten schon seit langem eine größere Rolle.

Dieser Schnitt, der eine Elite von ihren vermeintlich für alle Ewigkeit ererbten Sonderrechten, Gepflogenheiten und Werten abtrennte, wurde mit der Französischen Revolution in Frankreich begonnen und endete schließlich nach dem Ersten Weltkrieg vor allem für den russischen und deutschen Adel schmerzlich.

Darüber hinaus stellte der Ausgang des Zweiten Weltkrieges dann für den deutschen ost-elbischen Adel, d. h. die Landaristokratie, in katastrophaler Weise durch Verlust der Heimat das unwiederbringliche Ende dar.

Trotz dieser Ereignisse sind auch heute noch die Anzeichen für eine adlige Identität sichtbar. In diesem Buch geht es nicht um die Hocharistokratie der regierenden Häuser, sondern um den mittleren und niederen Adel der Grafen, Barone, Freiherren u. a., dem meine Gesprächspartnerinnen Tisa von der Schulenburg und Ursula von Schlabrendorff angehören.

Diese von mir aufgesuchten Nachfahren der alten adligen Namen, wie auch viele andere, hielten bis zu ihrem Lebensende in unterschiedlicher Weise an dem Glauben an die besonderen Prinzipien des Adels fest und an dem Bewusstsein, einer Ahnenreihe anzugehören, die Rang und Namen hat, und zwar um so mehr, je weiter die Verarmung und Lösung vom feudalen Grundbesitz fortgeschritten war.

Das Gefühl der Zugehörigkeit zu einer besonderen Gruppe und der Glaube an angeborene Unterschiede, die sie von anderen Gruppen trennen, sind bei aristokratischen Nachgeborenen besonders ausgeprägt. Dies trifft vor allem bei den Nachkommen des verarmten Landadels zu.

Der Adel im Widerstand gegen Hitler

Der Adel Preußens und die sogenannten Junker anderer deutscher Länder, die oft als Wegbereiter des Nationalsozialismus genannt werden, sahen in Hitler nur zum Teil den Retter, als den ihn die Millionen Arbeitslosen und der verarmte Mittelstand empfanden. Die wirtschaftlichen Probleme, die er zu lösen versprach, standen für sie nicht im Vordergrund. So patriotisch die meisten alten Familien in ihrer Gesamthaltung auch waren, sie hatten alle starke kosmopolitische Züge aufzuweisen.

Viele der berühmten Adelsgeschlechter hatten sich über mehrere Länder verteilt: von Österreich aus nach Italien und dem Balkan, von Polen aus über Preußen und Österreich, von Mecklenburg aus nach Skandinavien.

Noch im Ersten Weltkrieg trugen zahlreiche hohe Offiziere der Zarenarmee deutsche Namen und entstammten baltischen Geschlechtern. Dieser Krieg und die darauffolgenden Jahre der Unsicherheit bedeutete eine Zäsur und Neuorientierung für den deutschen Adel, der die traditionellen Bindungen an Monarchie und Christentum noch aus der Zeit der großen Ritterorden nicht vergessen hatte, wo vielen der Übergang aus dem Hofbeamtentum zum Großgrundbesitzer gelungen war.

Der Soziologe Maurice Halbwachs bezeichnet den Adel als eigentlichen Träger des „kollektiven Gedächtnisses“. In den Familien der Aristokratie würde viel über Geschichte gesprochen und nicht nur über die eigene, sondern das Interesse an Geschichte im allgemeinen sei beim Adel immer sehr ausgeprägt gewesen.

Zweifellos bedeutete das Ende der Monarchie und die Flucht des Kaisers nach dem Ersten Weltkrieg einen Schock für den deutschen Adel. Dies empfanden viele Adlige 1918 als den tieferen Einschnitt, weil er unerwarteter gekommen war als die Kriegsniederlage von 1945.

Sie hatten nicht nur ihre Privilegien, sondern vielfach auch die Existenzgrundlage verloren und waren gezwungen, Berufe zu erlernen.

Es besteht kein Zweifel, dass der Deutsche Widerstand, vor allem der militärische, ohne den Adel nicht denkbar gewesen wäre. Keine andere Gesellschaftsschicht war mit so vielen ihrer Mitglieder an der Verschwörung vom 20. Juli 1944 beteiligt.

Der Historiker Bogislav von Archenholz schrieb zum 20. Juli:

> „Die hemmungslose Wut des nationalsozialistischen Gegenschlags, die unwürdigen Gerichtsverhandlungen, der Tod durch den Henker für politische Gegner, der Strick für verdiente Offiziere – das alles bewies, dass hier lang verhehlter Hass ausbrach und ein Komplex abreagiert wurde, der dem Eingeständnis der eigenen Minderwertigkeit gleichkommt.“[3]

3 Archenholz 1992: 258.

Bei den Verhandlungen im Volksgerichtshof ließen sich die Angeklagten durch die demütigenden Beschimpfungen des Richters Freisler nicht beirren und behielten ihre stolze Haltung bei.

Marion Gräfin Dönhoff, die langjährige Herausgeberin der ZEIT, schrieb zwei Jahre nach dem gescheiterten Attentat, es hätten „die besten Männer aller Bevölkerungsschichten, die letzten positiven Kräfte eines völlig ausgebluteten Landes“ gehandelt – und nicht eine „kleine Clique“ adliger Militärs, wie das Hitler in seiner Radioansprache behauptete.[4]

Bereits am 20. Juli 1944 hatte sich Hitler abends im Rundfunk in diesem Sinne geäußert: „Eine ganz kleine Clique ehrgeiziger, gewissenloser und zugleich unvernünftiger, verbrecherisch-dummer Offiziere hat ein Komplott geschmiedet, um mich zu beseitigen [...].“[5]

Und diese Namen repräsentierten Menschen, die so erzogen waren, dass sie sich für das Geschehen der Zeit, für das Ganze verantwortlich fühlten und Hoffnung auf einen europäischen Zusammenschluss hatten.[6]

Marion Gräfin Dönhoff war nur indirekt an den Planungen des Attentats beteiligt. Sie hielt die Verbindungen zwischen den Verschwörern, dem Kreisauer Kreis und den Männern um Graf Stauffenberg.

Der Sozialhistoriker Conze betont, dass der Widerstand des 20. Juli ein Widerstand der Eliten gewesen sei: „Seine Träger repräsentierten im wesentlichen die adelig-bürgerliche deutsche

4 Dönhoff (1946).

5 Hitler 1944, Rundfunkansprache.

6 Vgl. Dönhoff 1996: 178.

Oberschicht des frühen 20. Jahrhunderts."[7] Graf Schulenburg sagte im Volksgerichtshof zu Freisler:

> „Wir haben diese Tat auf uns genommen, um Deutschland vor namenlosem Elend zu bewahren. Ich bin mir klar, dass ich daraufhin gehenkt werde, bereue meine Tat aber nicht und hoffe, dass sie ein anderer in einem glücklicheren Augenblick durchführen wird."[8]

Der deutsche Adel und das Attentat am 20. Juli 1944

Nach dem Urteil des Soziologen Roland Girtler war „einer der interessantesten damaligen Angeklagten[...] Fritz-Dietlof von der Schulenburg. Ihn pflegte Freisler mit ‚Schurke Schulenburg' anzureden, um ihn zu beleidigen."[9] Jedoch habe seine stolze Haltung Tisas Bruder, dem Grafen Schulenburg, geholfen, mit seiner misslichen Lage fertig zu werden. Dahinter stehe das Wissen, Ehre und Würde bewahrt zu haben und, wie Schulenburg, Stauffenberg und viele andere bewiesen haben, mit Haltung und Würde in den Tod zu gehen.

Der Krieg war zum Zeitpunkt des Attentats allerdings militärisch verloren. Aber es ging schließlich nicht darum, einfach ein Attentat zu inszenieren, was vielleicht leichter gelungen wäre. Vielmehr hatten die endlosen Treffen, Diskussionen und Ausei-

7 Conze 2004: 493.

8 Zit. nach Dönhoff 1996: 95.

9 Girtler 2002: 193.

nandersetzungen der verschiedenen Verschwörerkreise miteinander über die politischen Programme und Prinzipien das Ziel, einen Umsturz vorzubereiten, der in eine neue Zukunft führte.

Am Schluss, da die Zeit drängte, sollte durch die Tat ein Beispiel gegeben werden, dass es noch das andere Deutschland gab. Der atmosphärische Hintergrund im Umfeld der Verschwörer Anfang Juli 1944 war geprägt von Unruhe, Nervosität, Erwartung, Hoffnung, auch teilweise Resignation und Entschlusslosigkeit.

Die Schwestern von Schlabrendorff und von der Schulenburg wussten nichts Genaues, ahnten aber zu dieser Zeit, dass etwas durch die Brüder geschehen würde. Fabian von Schlabrendorff, Ursulas Bruder, befand sich als Ordonnanzoffizier beim Ersten Generalstabsoffizier der Heeresgruppe Mitte, Henning von Tresckow, an der Ostfront. Er war ebenfalls aktiv an den verschiedenen fehlgeschlagenen Attentatsversuchen beteiligt, während Ursula als Krankenschwester ein kriegsbedingtes Leben in Berlin führte.

Henning von Tresckows Nachricht an Stauffenberg im Juni 1944 lautete:

> „Das Attentat muss erfolgen, coûte que coûte. Sollte es nicht gelingen, so muss trotzdem in Berlin gehandelt werden. Denn es kommt nicht mehr auf den praktischen Zweck an, sondern darauf, dass die deutsche Widerstandsbewegung vor der Welt und vor der Geschichte den entscheidenden Wurf gewagt hat. Alles andere ist daneben gleichgültig.“[10]

10 Zit. nach Fabian von Schlabrendorff 1984: 109.

Fritz-Dietlof von der Schulenburg, Tisas Bruder, war in Berlin und nahm an endlosen Gesprächen mit den verschiedenen Verschwörergruppen, auch mit Stauffenberg, teil. Dieser war mehrfach zum Vortrag bei Hitler in die Wolfsschanze bei Rastenburg im südlichen Ostpreußen geladen worden.

Die Schwester Tisa lebte und verwaltete das Gut Trebbow in Mecklenburg, wo auch ihre Schwägerin, die Frau von Fritz-Dietlof, mit den sechs Kindern untergekommen war.

Dann überschlugen sich die Ereignisse.

Am 18. Juli 1944 erfuhr Stauffenberg, dass er zwei Tage später zum Vortrag über die beschleunigte Aufstellung von Volksgrenadierdivisionen in der Wolfsschanze erwartet werde. Er war zu diesem Zeitpunkt bereits dreimal mit der Bombe in der Tasche bei Hitler gewesen. Der Historiker Graf Schwerin meint, er habe die Bombe wohl aus Zeitfragen und mangelnder Gelegenheit nicht gezündet.[11]

Der von einem Fliegerangriff schwer verwundete Graf Stauffenberg habe allerdings noch einen Versuch wagen wollen. Die Situation war hochgefährlich. Auch für von der Schulenburg. Er berichtete der Journalistin Ursula von Kardorff, er habe erfahren, dass zwei Männer [vermutlich Gestapo, die Verf.] in seinem Quartier nach ihm gefragt hätten.[12] Detlef Ulrich Graf von Schwerin, dessen Vater Wilhelm Ulrich zum Kreis der Widerständler zählte, vermerkt:

> „In diesen Tagen bündelten sich die Motive, ethische, politische, militärische und die persönliche Sicherheit, der

11 von Schwerin 1994: 378 ff.

12 Vgl. von Kardorff 1982: 209.

> ‚Gegenschlag' musste erfolgen, wie Stauffenberg meinte, der Rubikon war überschritten."[13]

Fritz-Dietlof von der Schulenburg fuhr bis zum frühen Morgen des 20. Juli, dem Geburtstag seiner Frau, auf das Gut Trebbow, wo er seine Schwester Tisa zum letzten Mal sah. Nur seiner Frau vertraute er den an diesem Tag stattfindenden Staatsstreich an. „Manche der Frauen waren mehr, manche weniger in die Zusammenhänge der Verschwörung eingeweiht."[14] Jedoch ist sicher in jedem Fall der Hinweis von Gräfin York von Wartenburg zutreffend, dass die Männer, was sie getan haben, nicht ohne ihre Frauen hätten tun können, „waren doch alle von der Liebe und Gemeinsamkeit abhängig".[15] Peter York von Wartenburg gehörte zum Kreis der Verschwörer und wurde nach dem 20. Juli gehenkt.

Dennoch ist festzuhalten, dass keine der aristokratischen Frauen des 20. Juli 1944 so aktiv wie die in der kommunistischen und sozialistischen Untergrundarbeit tätigen Frauen gewesen ist. Daraus lässt sich ableiten, dass Frauen der Aristokratie naturgemäß aufgrund ihrer Herkunft nicht die Notwendigkeit sahen, sich familiärbedingt an dem politischen Engagement ihrer Männer zu beteiligen.

Allgemein ist zu sagen, dass die Frauen, die aufgrund ihrer politischen Einsichten, aus humanitären Motiven oder um ihres christlichen Glaubens willen das Naziregime von Anfang an bekämpften, eine Minderheit waren. Es besteht auch aus historischer Sicht kein Zweifel an der Tatsache, dass letztlich die Zahl

13 von Schwerin 1994: 393.

14 Vgl. von Meding 1992: 11.

15 York von Wartenburg 1987: 65.

der Adligen, die dem „Führer" bis zum bitteren Ende die Treue gehalten hat, noch viel größer gewesen ist als die Zahl derer, die auf seinen Sturz hinarbeiteten.

Der letzte Überlebende des 20. Juli 1944, Philipp Freiherr von Böselager, sagte kurz vor seinem Tod im Sommer des Jahres 2008: „Das waren ganz hervorragende Leute, die ganz bestimmt später eine große Rolle auch als Demokraten gespielt hätten."[16]

Ohne äußeren Zwang und keinesfalls aus einer Position der Bedrohung heraus agierte die unter allen Adligen in der Wehrmacht relativ kleine Gruppe. Ihre Handlung, die mit dem Tode bestraft wurde, kann eher als beispielhaft, denn als fragwürdig für die Nachwelt angesehen werden. Ursulas Bruder, Fabian von Schlabrendorff, dessen Todesurteil durch die Kriegsereignisse und einen glücklichen Zufall vertagt wurde, hat in seinen Erinnerungen an den 20. Juli 1944 von der Notwendigkeit eines schnellen Handelns im Falle eines erfolgreichen Staatsstreiches geschrieben.

Das Attentat ist leider missglückt.

Wie erfuhren nun die Witwen und die Schwestern vom Tod ihrer Männer und Brüder?

> „Die Witwen erfuhren den Tod ihrer Männer entweder durch eine amtliche Benachrichtigung, die in fünf Zeilen drei Mitteilungen enthielt: erstens die Tatsache der Verurteilung, zweitens das Datum der bereits vollstreckten Verurteilung, drittens den Satz: ‚Die Veröffentlichung einer Todesanzeige ist unzulässig.' Oder sie erfuhren ihn durch

16 v. Meding/Sarkowicz 2008: 169.

> die Kostenrechnung, die ihnen übersandt wurde und die sie zu begleichen hatten."[17]

Zu den hohen Frontverlusten der adligen Familien kamen jetzt auch noch die Opfer der Hinrichtungsprozesse des Nazi-Regimes. Und danach hat die Rote Armee während der Besetzung des deutschen Ostens Adlige ermordet, enteignet, vertrieben und inhaftiert. Ihre Schlösser und Güter wurden bis auf den letzten Stein niedergebrannt. Die Zerstörungswut wurde durch die SED weitergeführt, sodass der ostdeutsche Adel nach einer jahrhundertelangen Spitzenstellung innerhalb weniger Monate Land und Leben verloren hat. Der Untergang des ostelbischen Adels geschah mit dem Zusammenbruch des Nazi-Reiches. Seither verwischen sich seine Spuren.

17 Dönhoff 1996: 11.

Die Künstlerin – Tisa von der Schulenburg

Tisa von der Schulenburg kam am 7. Dezember 1903 im gräflichen Schloss Tressow, in Mecklenburg, als 5. Kind und einziges Mädchen eines kaiserlichen Generals zu Welt. Zehn Jahre nach ihr wurde noch ein weiterer Sohn geboren. Die Mutter war eine Zeit lang Hofdame bei der Kaiserin.

Sie hat das Kaiserreich erlebt, die Weimarer Republik, die Nazidiktatur, den Zweiten Weltkrieg, die Teilung Deutschlands, die Bundesrepublik Deutschland und die Vereinigung der beiden deutschen Staaten. Zum Zeitpunkt unseres Treffens ist sie 96 Jahre alt.

Tisa verlebt ihre Kindheit und Jugendzeit in Potsdam und im elterlichen Schloss auf dem Lande. Sie wird bis zum 14. Lebensjahr von Hauslehrern unterrichtet. Danach geht sie auf das Internat für adlige Töchter, die Klosterschule Heiligengrabe in der Mark Brandenburg.

Sie hat keine exponierte Stellung in der Familie, sondern muss kämpfen, um sich zu behaupten. Sie ist künstlerisch hochbegabt. Ihr Weg ist vorgezeichnet.

Schon im Alter von 12 Jahren wird Tisas künstlerische Begabung von Max Liebermann erkannt. Erst nachdem sie lange schon die Schulzeit beendet hat, erlaubt der Vater schließlich ein Kunststudium in Paris und Berlin. In den linken Berliner Künstlerkreisen und in der Liga für Menschenrechte, wo sie verkehrt, lernt sie ihren jüdischen Ehemann Fritz Hess kennen und emigriert 1933 mit ihm nach England. Dort hat sie ihren großen künstlerischen Durchbruch.

Die Familie bekennt sich früh zum Nazi-Regime. Die Tochter aber heiratet einen Juden.

Nach ihrer Scheidung kehrt sie für immer nach Deutschland zurück.

Ihre enge Beziehung zu dem nur ein Jahr älteren Bruder Fritz-Dietlof, der nach dem Attentat auf Hitler am 20. Juli 1944 gehenkt wird, bringt sie in politischen Konsens mit ihm.

Im Jahr 1939, nachdem sie ihren moribunden Vater in Deutschland besucht hat, wird ihr die Wieder-Einreise nach England verwehrt. Bereits 1938 war ihre Ehe mit Fritz Hess in England geschieden worden.

Im Jahr 1940 heiratet Tisa ihren Jugendfreund C. U. von Barner aus dem mecklenburgischen Nachbarschloss Trebbow. Dort verbringt sie die ganze Kriegszeit bis zum Einmarsch der Russen. Am Ende des Krieges scheitert auch diese Ehe.

Im Jahr 1945 sind alle Brüder von Tisa und auch die Eltern tot und sie muss wegen des Vordringens der Roten Armee vom Schloss und aus ihrer Heimat Mecklenburg fliehen. Die nächsten Jahre arbeitet sie journalistisch für die Engländer und engagiert sich sozial.

Im Jahr 1950 konvertiert die evangelische Gräfin zum katholischen Glauben und tritt als Schwester Paula in das Ursulinenkloster in Dorsten ein. Hier stirbt sie im Jahr 2001 und hinterlässt

Tausende von Zeichnungen, Scherenschnitten und bildhauerischen Kunstwerken.

Der Name „von der Schulenburg“ ist historisch arbeitenden Menschen ein Begriff im Hinblick auf das Attentat am 20. Juli 1944. Ich habe Tisa Gräfin von der Schulenburg in einem Bericht im Fernsehen gesehen und war von dieser Frau und ihrem bunten Leben fasziniert, das sich zwischen Hochadel und verwöhnten, reichen Anfängen bis hin zur freiwilligen Armut und Bescheidenheit als Klosterschwester bewegte. Wie konnte dieser Entschluss möglich sein? Welche Rolle spielten hierbei Krieg und Frausein, welchen Zusammenhang gab es? Wollte sie die von Männern zerstörte Welt retten?

Ich nehme telefonischen Kontakt mit der Gräfin auf und darf schließlich 24 Stunden als Gast im Ursulinenkloster Dorsten in Westfalen verbringen, wo Tisa von der Schulenburg, nunmehr Schwester Paula, lebt.

Unsere Gespräche dauern an den zwei Tagen je ca. fünf Stunden. Nach den Gesprächen folgen noch Telefonate und ein Briefwechsel.

Zu meiner großen Überraschung erwartet mich die Gräfin an der Pforte des Klosters. Ungeduldig, wie es scheint. Denn sie sagt: *„Da sind Sie ja!“* Sie hat schon alles für mich vorbereiten lassen. Ein bequemes Zimmer steht für meine Übernachtung bereit, und sie selbst, Schwester Paula, zum Gespräch.

Danach gehen wir in ihre Werkstatt, wo Hunderte von Arbeiten als Skulpturen, Reliefs aus Bronze, Bilder und Skizzen an den Wänden hängen, herumstehen oder -liegen. Sie setzt sich mir dann erwartungsvoll gegenüber, aber vorher schenkt sie mir noch einen Campari ein.

Ich beginne das Gespräch unter dem Eindruck ihrer ungewöhnlichen Lebensgeschichte. Ich spreche sie mit „Schwester Paula“ an, nicht mit „Gräfin Schulenburg“. Das wünscht sie so.

Ihr erstes Leben hat knapp 50 Jahre gedauert und ebenfalls etwa 50 Jahre ihr zweites. Sie scheint selbst überrascht von ihrem hohen Alter und ist sich zunächst der Unausgewogenheiten des Alters und ihrer Erzählstimme nicht sicher. Sie will ihre Biografie auf jeden Fall verständlich machen. Im Laufe des Gesprächs spricht sie in einer gepflegten und sehr deutlichen, hochdeutschen Sprache und erzählt viel von sich.

Kindheit und Beziehung zu den Geschwistern

Tisa ist, als die jüngste Schwester der vier älteren Brüder, bei gemeinsamen Spielen und Freizeitaktivitäten immer in der Defensive. Sie will und muss beständig gegen die Brüder ankämpfen, ihnen nachrennen, vielleicht schneller, spontaner sein, um vor ihnen zu bestehen. Sie nimmt den Kampf mit ihnen auf und zieht sich nicht zurück. Aber sie hat auch ihre eigene Welt und kann sich abgrenzen.

Sehr früh schon ist sie mit Zeichnen beschäftigt und kann sich damit auch völlig unterhalten, während die Brüder dagegen alle militärisch interessiert sind.

> „*Die vier Jungen, alle älter, waren natürlich schneller. Es ist so. Das war bei Preußens so. Dass man Mädchen auf jeden Fall ein bisschen verachtete*“,

meint sie.

Von Leuten wurde sie dann manchmal gefragt, ach, wie reizend es sei, vier ältere Brüder gehabt zu haben, die sie doch sicher verwöhnt hätten! Natürlich war das Gegenteil der Fall. Die waren zu jung dafür.

Sie waren im Alter hintereinander, außer in dem Jahr, als ihre Mutter Typhus hatte. Sonst kamen die Kinder eben regelmäßig, jedes Jahr eins.

Fast elf Jahre nach Tisa kommt ein fünfter Bruder auf die Welt. Den Kleinen, ja, der so viel jünger war, den hat sie natürlich verwöhnt.

Die Kindheit in Mecklenburg auf Schloss Tressow wird immer wieder in Tisas biografischen Erinnerungen als schön bezeichnet. Die Brüder sind Freunde, besonders ihr um ein Jahr älterer Bruder Fritz-Dietlof, der spätere Attentäter.

Die drei älteren hat der Erste Weltkrieg für immer geprägt. Ein Junge, der gerade 16 geworden ist und dann am 26. August 1914 in den Krieg geht, mit zwei schweren Verwundungen bis 1919 zu tun hat, der ist für sein Leben gezeichnet.

Das war der älteste Bruder. Der Zweitgeborene und der Dritte nahmen denselben Weg, nur, dass sie etwas später in die Reichswehr eingetreten sind. Der dritte auch mit 16 Jahren und der zweite mit 17 Jahren, weil er eine leichte Lungenentzündung hatte. Das war eine Zäsur unter den Geschwistern, gar kein Zweifel, obgleich der Bruder vor Fritz-Dietlof ja auch wiederum nur ein Jahr älter war, aber der war auch im Krieg gewesen.

Die Schrecken des Grabenkampfes und des Stellungskrieges, die den Ersten Weltkrieg prägten, haben seelische Wunden verursacht, die nie heilen konnten.

Menschliche Gefühle, großes Mitleid vor allen Dingen bewegt Tisa, wenn sie an die Brüder denkt, denn sie sind ja alle so jung gestorben:

> *„Der Älteste ist 45 Jahre geworden und an entsetzlichem Krebs 1939 gestorben. Aber so entsetzlich! Das Morphium half nichts mehr im Krieg und er konnte nicht leben und nicht sterben. Furchtbar!*
>
> *Der Zweite ist in der Normandie mit 43 Jahren als Fallschirmjäger gefallen. Der Dritte, ein begeisterter Nazi, war in der SA, als er bei Tisa und ihrem Mann einzog. Und dann saß er mit seinen Kumpels im Keller und sie sangen ‚Wenn's Judenblut vom Messer spritzt …' Er ist mit 40 Jahren an Krebs gestorben. Und Fritzi mit 41. Und der kleine Bruder Wilhelm mit 23 Jahren nach einem schweren Autounfall."*

Tisa schildert bekümmert diese Familientragödien, der alle Brüder zum Opfer gefallen sind. Das Entsetzen über das Geschehen jener Zeit hat voll von ihr Besitz ergriffen.

Beziehung zu den Eltern

Ihre Gefühle zu ihren Eltern äußert sie sehr präzise. Sie habe unendlich an ihrer Mutter gehangen. Der Vater hat ihr imponiert. Er war aber immer weg. Von ihrem ersten Jahr an war er weg, weil er nie Urlaub genommen hat. Und in viereinhalb Jahren einen Tag lang nur zum Mittagessen hat sie ihn gesehen und einen Tag auf dem Lande.

Nach der Niederlage von 1918 kam er zurück als tief gebrochener Mann, weil ihn das deutsche Schicksal so berührte und er ja auch vier Jahre dafür gekämpft hatte. Und so mit 15, 16 Jahren hatte sie das Gefühl, nein, der kann ihr nichts mehr sagen.

Zu ihrem Vater kann Tisa keine enge Bindung aufbauen im Gegensatz zur Mutter. Sie wendet sich von ihm ab, als er schwach ist und die Mutter, die sie sehr liebt, schlecht behandelt. Die Mutter zeigt sehr viel Verständnis für die einzige Tochter und vermittelt ihr liberales und tolerantes Denken.

Die politischen Interessen waren in den Familien, wie hier am Beispiel des mittleren Adels, kontrovers. Drei Brüder sind begeisterte, ja sogar unangenehme Nazis. Der vierte Bruder, ein wichtiger Verbindungsmann zwischen dem militärischen und zivilen Widerstand, ist am Ende ein so engagierter Gegner Hitlers, dass er sogar dafür gehenkt wird.

Die Schwester bewegt sich in linken Kreisen, heiratet einen Juden und denkt wie dieser Bruder.

Die Familie war geblendet, ja sogar begeistert von diesem Hitler. Sie dagegen hat ihn gehasst. Das war ein großer Konflikt. Auf der einen Seite die Familie, die an Hitler geglaubt hat …

„*Auch Fritzi. Ja, er auch am Anfang*“,

sagt sie traurig.

Sie dagegen habe vorher schon in Berlin einen Kreis kennengelernt – eigentlich kaum, dass sie nach Berlin kam. Es war die Liga für Menschenrechte und Leute, die also zur Liga gehörten. Und das waren die Linksintellektuellen von Berlin. Aber nun war sie ja mit einem deutschen Juden verheiratet.

Tisa hängt an ihren Brüdern und an ihrem Zuhause und geht den Weg, der ihrem Denken entspricht. Der Konflikt ist vorprogrammiert. Sie lacht laut und sagt:

> *„Ja, ich bin eben anscheinend nicht sehr gut damit zurechtgekommen. Ein paar Jahre vermutlich schon. 10 Jahre."*

Die Eltern und Brüder, wie ein Großteil des Adels, begeistern sich u. a. für Hitlers völkische Idee und sind schon früh in die NSDAP eingetreten und somit zwangsläufig Antisemiten. Tisa hat den Spagat zwischen den beiden Welten eine Zeitlang bewältigen können.

Eigene Entwicklung

Schon in der Kindheit, wenn die Brüder, weil älter und mit anderem beschäftigt, nicht für sie da sind, macht Tisa Kunst, wunderschöne Scherenschnitte.

Die Kunst ist der rote Faden in ihrem Leben, der sie an das Leben bindet. Immer wieder kommt sie zur Kunst zurück; wie in einen Heimathafen.

Selbstbewusstsein, Kampfbereitschaft und Freiheit im Denken nimmt sie schon früh für sich in Anspruch und scheut auch keine Konflikte.

> *„Ich bin schon früh vergiftet worden, würde man sagen. Durch die ‚Memoiren einer Sozialistin' von einer Lilly Braun. Die habe ich mit 12 Jahren gelesen. Und mit 13 Jahren und mit 14 Jahren. Und immer wieder gelesen mit dem*

Willen genauso zu leben wie sie, denn sie hatte sich aus ihrem ebenfalls militärischen Adel in der Familie gelöst.“

Sie hat in ihrem ersten Leben fast alles, was ein Mensch sich nur wünschen kann: Familie, die in den höchsten Kreisen verkehrt, Eltern und fünf Brüder, ein wunderschönes Zuhause in ihrer Heimat, dann einen interessanten Ehemann, viele Freunde, viel Geld und sehr viel Kraft und Energie, kurzum, ein schönes Leben in Deutschland und dann in England.

Das erste Leben, trotz strenger Kindheit im adeligen Töchterpensionat, ist geprägt von zunächst adeligem Umfeld auf dem Schloss Tressow. Dann die Ehe mit einem reichen jüdischen Geschäftsmann, der im Großbürgertum verkehrt, und ein reizvolles Dasein auch durch die interessanten linken Künstlerkreise. Reichtum, Luxus, schöne Kleider, Autos, Reisen, all das genießt sie sehr. Sie kann im Gegensatz zu vielen Frauen ihrer Zeit alles so wahrnehmen wie die Männer und noch mehr, – wie etwa Schwimmen, Skilaufen, Autofahren. Darüber hinaus auch alle Vergnügungen, die normalen Frauen damals versagt waren. Sie ist zweimal verheiratet und kostet alle möglichen Genüsse des reichen Lebens aus bis hin zu vielen, von ihr initiierten Liebesbeziehungen.

Diese Welt von früher ist vergangen, nicht nur in Deutschland, auch in England. Doch die Welt der Arbeitslosigkeit nicht, die sie in England kennengelernt hat und der sie ihre Arbeit in England gewidmet hat.

Hier relativiert sie und sieht das Elend der Menschen als Ganzes. Die fünf Jahre mit ihrem jüdischen Ehemann in England waren gute Jahre für sie, obwohl sie sicher nicht leicht waren. Da war ihr schon unterschwellig klar, dass diese Ehe langsam zerbrechen würde.

Kontakte zu den Zeitgenossen

Tisas Vater hatte ihr schließlich nach jahrelangem Bitten und dank des Einsatzes ihrer Mutter das Kunststudium erlaubt. Sie schildert ihre eigene Situation und ihren Freundeskreis im Berlin der zwanziger Jahre. Ihren jüdischen Ehemann Fritz Hess lernt sie in diesem Kreis kennen.

Ob sie nun George Grosz nennt oder Tucholsky oder Heinrich Mann oder die fortschrittlichen Schriftsteller, Remarque, sie kann sie gar nicht alle aufzählen. Die Schriftsteller, die sich nicht im Nationalrausch verloren. Und die Bildhauer und Zeichner und Politiker und Zeitungsmenschen. Und sie ist sehr dankbar, dass sie mit 21 Jahren in diesen Kreis gekommen ist. Die Leuchte dieses Kreises sei natürlich Einstein gewesen. In den Berliner Künstlerkreisen der Weimarer Republik kommt Tisa in Kontakt mit Menschen der verschiedensten politischen Couleur und äußert einen eigenen Entschluss zum Attentat auf Hitler.

> *„Ich meine, es klingt so lächerlich, aber ich hatte das Gefühl, er ist der Mann, der die deutsche Idee verraten wird. So ungefähr habe ich mir das vorgestellt. Der sie vielleicht auch beschmutzen wird. Und ich sah in ihm und seinen Kumpanen eben eine Horde von Verbrechern.*
>
> *Ich habe ein Medaillon von Hitler doch nur angefangen, weil ich ja dadurch zu ihm vorgelassen werden wollte und ich mir einbildete, da nimmt man eine Pistole und erschießt ihn.*
>
> *Da war ein Vetter von mir, der sich mit Hitler gut verstand. Er hatte den schönsten Besitz in Ostpreußen. Und Hitler war da auch zu Besuch gewesen. Kurz und gut, dem*

hatte ich gesagt, hör' mal, ich hab' da so ein Medaillon, ich würde ganz gern mal so ein Porträt von Hitler machen. Er sagte, das kann ich dir vermitteln.

Dann war ich in einer Gesellschaft bei einem der bedeutendsten Kommunisten in Berlin, dem Kunsthistoriker Eduard Fuchs. Das muss im Dezember 32/33 gewesen sein. Kurz vor der Machtübernahme. Und da hielt er uns einen Vortrag über Hitler. Da saß ich am Tisch mit jungen Männern, die alle von der USPD waren, also der unabhängigen kommunistischen Partei. Und ich sagte: ‚Ach, man muss ihn einfach erschießen.'

Und daraufhin sagte Fuchs: ‚Nur nicht, dann gibt es eine Legende. Dann werden alle Menschen für ihn schwärmen. Das geht nicht. Nein, er darf nicht erschossen werden.'"

Wie ernst es Tisa mit ihren Attentatsplänen auf Hitler wirklich war, ist nicht festzustellen, jedoch war sie politisch informiert und erkannte früh die Gefahr, die durch Hitler das Land bedrohte.

Das Leben in Adelskreisen

Die von besonderen Familienstrukturen geprägte Welt und Lebensart des ostelbischen Adels entspricht nicht Tisas Vorstellung von Leben. Sie distanziert sich deutlich davon und meint:

„Der Adel hat ja in so Cliquen gelebt Die Familien waren ja durch die vielen Kinder, die die Menschen hatten, so groß, dass man eigentlich nur die eigenen Verwandten sah. Der Vater meiner Mutter hatte acht Geschwister. Und die hatten

wiederum jeweils sieben bis acht Kinder. Infolgedessen war meine Mutter umgeben von einem Haufen und aufgefangen in einer Welt von Verwandten mit einem ganz bestimmten Lebensgefühl.“

Leben im Krieg

Der Anfang ihrer zweiten Ehe fiel mit dem Beginn des Zweiten Weltkriegs zusammen. Die beiden waren sich ihr Leben lang immer mal wieder begegnet und hatten sich wieder verlassen. Das ging hin und her.

„Ich sage immer, man soll seinen Bruder nicht heiraten, so gut kannten wir uns. Er und sein Bruder waren meine besten Freunde. Und ich konnte ja 1939 nicht mehr nach England zurück.

Kurz und gut, der Krieg bricht aus am 1. September, einem Sonntag, und beide Brüder werden in Schwerin eingezogen. Und ich fahre hin und sage zu C. U. von Barner, so nannten wir ihn, du, wir heiraten! Na, er wusste nicht so recht, aber ja. Dann haben wir den Bauern angerufen von gegenüber von uns, wir wohnten in Klein-Trebbow, der wohnte in Groß-Trebbow. Er war der Standesbeamte. Und wir haben ihm gesagt, wir heiraten. Es gibt bestimmt Kriegsheirat, das wird bestimmt erlaubt ohne Formalitäten.

Dann hat der uns am Abend getraut. Und ich glaube, an dem Abend musste mein Mann noch zurück in die Kaserne. Und ich habe so acht Tage lang die Brüder noch gesehen, wenn sie mal Urlaub hatten aus Schwerin. Das waren gerade 11 km, das war ja nicht weit.“

Tisa erhält Vollmacht über das Gut, denn die beiden Besitzer sind im Krieg. Der Inspektor ist für die Landwirtschaft da und sie für die Menschen, die dort arbeiten, und für den Überblick.

Der Krieg, den Tisa auf Gut Trebbow in Mecklenburg erlebt, zeigt sich auch dort mit all seinen Schrecken. Nein, der Krieg sei vom ersten bis zum letzten Tag entsetzlich gewesen. Auch wenn man nicht direkt darunter gelitten habe.

Trotz materieller Vorteile, die sie auch im Krieg genießt, kann sich Tisa die elende Situation der Soldaten an der Front vorstellen. Auch sei Schloss Trebbow nie Heimat für sie gewesen. Ein eigentliches Leben mit ihrem Mann auf Trebbow habe es vielleicht sieben oder acht Tage nur gegeben.

In Trebbow kam sie sich immer vor wie jemand, der eine Aufgabe hat, die im Krieg gelöst werden muss. Sie hatte immer das Gefühl, lediglich die Verwalterin zu sein, während ihre Schwägerin Charlotte, die Frau von Fritzi (Fritz-Dietlof), so unendlich selig und glücklich in Trebbow war. Tisa hat lediglich genossen, dass sie baden und schwimmen konnte und satt wurde. Ihr Bruder Fritz-Dietlof wohnte mit seiner Familie zeitweilig auch bei ihr auf dem Gut.

Und sie erzählt von Ostern 1944, als Stauffenberg zu Besuch kam, um sich mit ihrem Bruder zu treffen:

„Ich fragte Stauffenberg Ostern 1944, als er bei Tisch neben mir saß, wann er zu der Überzeugung gekommen sei, dass man handeln müsse? Und er antwortete, die habe er im Herbst 1943 bei einem Aufenthalt in Paris durch Fritzi

gewonnen. Kein weiteres Wort darüber, dass er es selbst ausführen wolle. Mein Eindruck von ihm war, blühende Frische trotz der schweren Verwundungen, gespannte Kraft, doch sehr diszipliniert. Mein Bruder und er sind ja viele Stunden im Wald spazieren gegangen, um den ‚Wanzen' zu entgehen. Und nach dem 20. Juli sagte mir unser Förster, der Ortsgruppenleiter, ins Gesicht, die Herren wären ihm aufgefallen, der Graf hätte einen so jungen Oberst aus dem Generalstab mit einer schwarzen Augenbinde bei sich gehabt. Er hatte ihnen aufgelauert."

In den Wochen danach überschlagen sich die Ereignisse. Tisa nimmt ihre Schwägerin Charlotte mit ihren sechs Kindern in Trebbow nach dem Attentat ganz bei sich auf.

In ihrem zweiten Leben, das mit dem Kriegsende beginnt, ist von alldem nichts mehr da, was vorher Wert hatte. Alle Geschwister und die Eltern sind tot. Beide Ehen sind geschieden. Die Heimat ist von den Russen besetzt. Sie hat alles verloren. Hat dieser große Verlust, der jeden niederdrücken würde, aber vielleicht auch wachsen lassen kann, Tisa womöglich stärker gemacht?

Nach der Wende 1989 fährt sie mehrere Male, weil sie in der Umgebung, in Rostock, Wismar und Schwerin Ausstellungen hat, nach Trebbow und in ihre davon etwa 17 km entfernte Kinderheimat Tressow, was sie sehr bewegt.

Tisa hat ihre adlige Erziehung völlig verinnerlicht und wahrt die Contenance. So sucht sie auch die Fehler für das Scheitern der ersten Ehe bei sich. Sie spricht auch von ihrer Triebhaftigkeit und gibt sich die Schuld am Scheitern ihrer Beziehungen:

> *„Es ist ja manchmal so wenn eine Ehe gescheitert ist, dann denkt man, ja dieser Mann war vielleicht nicht der Richtige. Bei mir ist eher der Gedanke, dieser Mann war bestimmt der Richtige. Die Frage ist, wie weit war ich die Richtige bei dieser Triebhaftigkeit? Wie weit war ich überhaupt in der Lage, richtig zu lieben? Ich bezweifle das heute. Soweit meine Möglichkeiten da waren, habe ich unendlich an meinem ersten Mann gehangen."*

Tisa und ihren Bruder Fritz-Dietloff verbinden starke geschwisterliche Gefühle. Und der Bruder hat das Temperament der Schwester richtig eingeschätzt. Er hielt sie für politisch völlig unzuverlässig, wegen ihres Temperaments und sie durfte auf seinen Befehl hin nie irgendetwas sagen, weil sie ja sonst seine Frau oder seine Kinder oder ihn und den 20. Juli und die Verschwörer alle in Gefahr gebracht hätte.

Es ist für Außenstehende überhaupt nur schwer nachvollziehbar, weshalb Tisa konvertiert und ins Kloster eingetreten ist. Sie war in ihrem früheren ersten Leben nie besonders an religiöser Gedankenwelt interessiert. Gründe für das Kloster mag es verschiedene geben, vielleicht Verzweiflung über den Tod aller Familienangehörigen, dem Sterben so vieler junger Menschen, dem Mord an Ausgegrenzten und dem Tod durch den Strang ihres geliebten Bruders Fritzi. Möglich ist auch die große innere Anspannung von Schuld durch ihr ausschweifendes Leben, die nach einem Ventil suchte, wobei der große Wunsch nach Buße, sie spricht immer wieder davon, Gott dienen zu wollen, ihr Befreiung gab.

„Ich habe in Mecklenburg gelebt bis Kriegsende. Und danach waren alle Verbindungen abgerissen. Und dann habe ich eine Zeitlang bei Hamburg in einem Wohnwagen gelebt und der entscheidende Schnitt geschieht mit dem Eintritt ins Kloster.“

Es folgt der entscheidende Satz:

„Im Kloster habe ich meine Freiheit gefunden!“

Das Kloster sei heute transparenter geworden, erklärt sie. Gott sei Dank habe sie auch wieder Freunde in Rostock und Schwerin gefunden, in diesen Jahren nach der Wende. Ihr Leben sei ungeheuer reich an Verbindungen und durch das Aufgenommenwerden. Und das Verstandenwerden. Man könnte fast sagen: von einer Fan-Gemeinde!

Ihr Leben ist geradliniger geworden. Es gibt dem Ganzen einen Sinn.

Hier kommen erste Hinweise auf ihr früheres Leben, das zeitweise von Ausschweifungen jeglicher Art geprägt war, indem sie von Illusionen, Faszinationen und Reiz spricht. Auffallend ist, wie wohl ihr das Kloster tut. Denn ihr zweites Leben hat einen Mittelpunkt bekommen, wie sie immer wieder sagt. Beides, der Kampf und die Überwindung, die sie durchgemacht hat, muss unbeschreiblich hart gewesen sein für sie. Der Katholizismus war dann die Rettung und neue Erfahrung, war neues Leben und Lernen. Sie wollte Gott dienen.

Es ist schwer vorstellbar, wie diese verwöhnte, von Luxus umgebene, noch nicht alte Frau sich mit 47 Jahren im Kloster einordnen konnte. Aber sie betont, dass die anfängliche Klosterzeit schön gewesen sei.

> *„Ich wusste ja gar nichts über die Schriften der griechischen Kirchenväter. Ich wusste nichts von Augustinus. Ich kannte das alles nicht. Ein ungeheurer Reichtum, geradezu wie ein Studium einer neuen Wissenschaft."*

Und was war mit ihrer Kunst? Sie betont immer wieder, dass es ihr große Schwierigkeiten bereitete, in der Tracht der Ordensfrau ihre Bildhauerei zu betreiben. Da gewöhne man sich schließlich dran.

Ich spüre so etwas wie Bedauern in ihrer Stimme. Und nun folgt eine sehr persönliche „Lehrstunde" über die Kunst aus ihrer Sicht:

> *„Die absolute Konzentration steht am Beginn. Sollte sich aber der Mensch in seinem Vorhaben ungehindert durchsetzen, wird das Werk brav und wahrscheinlich Kitsch. Im Laufe eines Prozesses muss es zu einem Bruch, einem Scheitern kommen, ja zum Zerstören, was bei der Arbeit in Holz oder Stein am klarsten zu verfolgen ist. So, als ob ein Dämon dazwischenbricht. Bei dem äußersten Aufwand aller Kräfte, also eigentlich im Erliegen geschieht so ein Durchbruch. Da wo man dann kittet, stehen lässt oder wieder aufbaut, irgendwo da in diesem Ringen vollzieht sich ein Kunstwerk. In der totalen Erschöpfung, im Kampf mit dem Material, im Versuch, die Idee zu retten, geschieht, was sich nicht erklären lässt."*

Darf sie eigentlich hier selbst etwas besitzen?

„Nur mein Bett, meine Anziehsachen. Die Leute, die unterrichten, die dürfen unter Umständen Bücher besitzen."

Aber sie macht so viel Kunst. Und die Einnahmen erhält alle das Kloster.

„Restlos ja, braucht's auch. Ja. Ja, und wenn man verreisen will, da kann man dann sagen, ich brauche so und so viel und dann bekommt man das. Und wenn ich etwas zum Anziehen brauche, dann muss ich zur Prokuratorin gehen und sie um Geld bitten."

Ob sie ihre Kunst im Kloster besser entfalten könne, möchte ich von ihr wissen. Ihr Nein klingt sehr überzeugend. Vorher hatte sie die ungeheure Anregung durch andere Künstler, durch das Leben mit ihnen, besonders in England. Dieses Aufgefangensein in einer Künstlergemeinschaft falle natürlich in einem Kloster völlig weg.

Was ihr jedoch im Kloster ungeheuer helfe, sei, dass sie nichts ablenkt, wenn sie nicht will. Auch die schrecklichen Erlebnisse, die ihre Familie betroffen haben, konnte sie hier verarbeiten und überwinden. Dieser Schmerz um sie ist überwuchert vom Schmerz über das andere. Durch Auschwitz sei das eigene Schicksal winzig.

Das Klosterleben verläuft mit vielen Brüchen und nur schwer kann sich Tisa, jetzt Schwester Paula, an die strengen Regeln gewöhnen. Sie lässt erkennen, dass sie aus starkem Lebensüberdruss oft riskierte, ihr Leben wegzuwerfen. Ihr erstes Leben hatte sie beendet durch den Eintritt ins Kloster, aber sie kämpfte schwer, auch in den Anfangsjahren des zweiten Lebens einen Sinn zu finden.

Aus ihren Worten ist herauszuhören, dass das Kloster keine Anregungen für künstlerisches Arbeiten gibt, dass diese aus ihr selbst kommen müssen, dass aber andererseits, was sie als sehr positiv empfindet, keine Ablenkungen, deren sie sich so schwer erwehren konnte, da sind. Und eben auch kein Konkurrenzdruck.

Das Kloster, das sie beschützt und ihr Sicherheit gibt, auch vor sich selbst, ist ihre Heimat geworden; der Hort, nach dem sie sich gesehnt hat. Es hat ihr auch die Familie ersetzt. Einen Sinn im Leben zu finden, beweist im Grunde die Stärke und Lebenskraft von Tisa, ehemals Gräfin von der Schulenburg.

Nochmal zu ihrem ersten Leben: Gab es da Entscheidungen, die sie nachher bereut hat? Auf die Frage nach Erinnerungen an die Kindheit meint sie, dass sie sich gerne an Berlin, London, das Studium in Paris erinnere, aber an die Kindheit nicht, denn die sei unwichtig.

> *„Es war sehr schön und meine Mutter habe ich sehr geliebt. Aber nein. Man sagt ja, alte Menschen sprechen so gerne von ihrer Kindheit, aber nein!“*

Die Gräfin hat erkannt, dass es für sie Wichtigeres im Leben gibt als sie selbst und ihre eigene Kindheit. Sie fühlt fast Schuld, wenn sie an ihre reiche Herkunft denkt und ihr Leben mit dem der Bergarbeiter in England vergleicht und es sogar zeichnet. Sie kam sich fast wie ein Voyeur vor, als sie das arme Leben der englischen Bergarbeiter zeichnete.

> *„Ich wusste genau, dass ich nach drei Wochen ja wieder wegfuhr und dann Skilaufen ging und das allgemeine Londoner Leben mit Freunden und Einladungen mitmachte. Ich*

glaube, mein schlechtes Gewissen habe ich überspielt, indem ich mich so eingesetzt habe.

Die Kunst gelingt immer, so Gott will. Meine Themen sind sozialkritische Themen."

Tisa hat nach 1945 drei Jahre unter sehr schweren Bedingungen in einem Bauwagen unterkommen können, doch sie braucht ihre Unabhängigkeit und Selbstständigkeit und hat ihre Aufgabe.

„Ich habe mir mein eigenes Geld verdient und hatte eine Zeit lang eine Stelle als Sekretärin bei der englischen Militärverwaltung. Dorthin waren zweimal am Tag 14 km zu laufen. Meine Schwägerin Charlotte bekam gerade 150 DM für sich und die sechs Kinder."

Der deutsche Widerstand wurde lange Jahre von den Alliierten nicht anerkannt. Die Angehörigen der ermordeten Männer des 20. Juli haben sehr schlecht überlebt. Tisa hat kein einziges Wort über ihren Bruder gehört. Man sei einfach darüber hinweggegangen und habe den 20. Juli totgeschwiegen.

Tisa von der Schulenburg hat ausführlich über ihr Leben und ihre Kunst als Bildhauerin, die sie im Kloster entfalten konnte, Rechenschaft abgelegt und hat ihre verschiedenen Lebensstationen dokumentiert.

Überall stehen die Kunstwerke der Tisa von der Schulenburg im Kloster und auch in der Stadt. Sie ist Ehrenbürgerin von Dorsten.

Die Krankenschwester – Ursula von Schlabrendorff

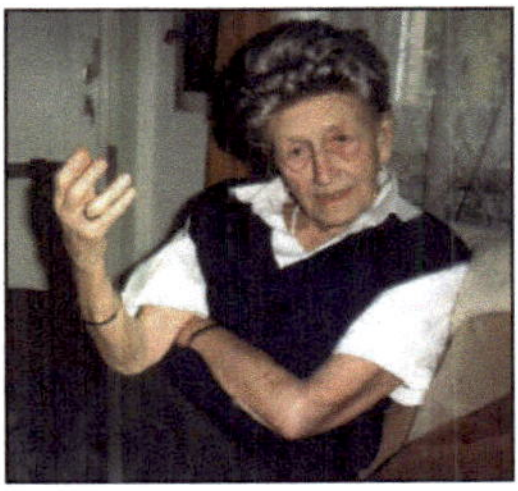

Ursula von Schlabrendorff ist lebhaft, vital, eine große, auffallende Erscheinung, eine Frau im 93. Lebensjahr, als ich sie kennenlerne.

Sie kommt am 4. März 1905 in Posen zur Welt. Als Tochter eines preußischen Generals und einer Mutter, deren Familie sehr enge Beziehungen zum englischen Königshaus hatte. Sie ist die zweite von drei Töchtern, der Bruder Fabian das jüngste Kind.

Ursula verlebt ihre Kindheit in Halle und Detmold. Von vornherein wird sie auf einen eigenen Beruf hin erzogen. Sie wird Fürsorgerin, Krankenschwester und Wanderlehrerin des Roten Kreuzes in Pommern.

Aufgrund von Kritik am „Dritten Reich" wird sie des Landes Pommern verwiesen. Dieser Umstand bringt Ursula und ihren Bruder Fabian auf der politischen Ebene eng zusammen. Die Geschwister sind sich einig im Vorgehen gegen Hitler. 1945 erlebt Ursula die Einnahme Berlins durch die Russen mit. Im Jahr 1947 kommt sie nach Frankfurt am Main und ist bis 1965 als Fürsorgerin und Sozialarbeiterin tätig. Sie stirbt hier am 4. August 2006.

Da mich das Schicksal Fabians von Schlabrendorff, der zum engen Kreis der Verschwörer des 20. Juli 1944 gehörte, schon seit längerem interessierte, suchte ich gezielt nach noch lebenden, ihm nahestehenden Freunden oder Verwandten. In Frankfurt am Main, meinem eigenen Wohnort, finde ich schließlich seine Schwester Ursula.

Wir freunden uns durch das gemeinsame Interesse am Thema an und führen fast 12 Jahre lang Gespräche, die alle aufgezeichnet sind. Ich besuche sie stets in ihrer Wohnung.

Beim ersten Zusammentreffen nennt sie bereits alle Themen, die ihr Leben markieren und die sie nun als alte Frau endlich loswerden möchte, ehe es zu spät ist.

Auch ihr Leben hat zwei Teile, wie sie sagt. Da ist einerseits die schreckliche Kindheit und andererseits das bessere, mit vielen Brüchen versehene Erwachsenenleben. Der (einzige) Bruder, den sie innig geliebt hat, spielt eine große Rolle in ihrem Leben.

Kindheit und Beziehung zu den Eltern

Der folgende ist der erste Satz des ersten Gesprächs, das ich mit ihr führe. Damit umreißt sie bereits ihre unglückliche Kindheit. Sie fühlt sich überflüssig. Das bestimmt den ersten von vielen Brüchen in ihrem Leben.

„Meine Mutter gab mich mit vier Jahren aus dem Haus.“

Oft tageweise, manchmal für Wochen. Die Mutter wollte sie los sein. Als kleines Mädchen sei sie immer betroffen gewesen, wenn sie bestraft wurde. Sie habe sich immer geschämt und sich schuldig gefühlt und wollte dann um Verzeihung bitten. Aber die Mutter wollte nicht um Verzeihung gebeten werden.

„Ich kann mich nicht erinnern, dass die anderen je bestraft wurden.“

Sie betont immer wieder, dass sie sich nach der Liebe ihrer Mutter gesehnt habe, die die anderen Geschwister liebte und ihr vorzog, weil sie nicht so hübsch war:

„Meine Mutter sagte mir immer wieder: ‚Du bist nichts, du kannst nichts, du hast nichts, du stirbst.‘ Sie hat mich verachtet und das habe ich sehr schwer genommen. Das ging so weit, dass unter der Todesanzeige meines Vaters alle Geschwister standen, ich aber nicht. Sie hatte mich einfach vergessen.“

Der Vater, der als kaiserlicher General selten zu Hause war, hatte wahrscheinlich Mitleid mit dieser zweiten Tochter, die ihm als einziges von den vier Kindern ähnlich sah und die von der Mutter so schlecht behandelt wurde, und bot ihr Schutz.

Manchmal flüchtete sie zum Vater, wenn sie mal wieder eine 5 in Französisch hatte. Dann sagte sie: „*Sag es bitte Mutter nicht*“. Und er sagte: „*Komm, wir sagen es ihr gemeinsam*“. Und er ging mit ihr hin und sagte: „*Eva, Ursula hat dir etwas zu sagen.*“ Und dann stand er „*wie die Wacht am Rhein*“ neben ihr. Dann schlug sie die Tochter nicht ins Gesicht, sondern schimpfte nur. Die schlimmste Zeit ihres Lebens war: Vater im Krieg, dann todkrank zurück, während des Weltkrieges immer Hunger. Der Mutter ausgesetzt zu sein. Das war schrecklich für sie.

Ursula seufzt tief. Die Situation ist ihr ganz gegenwärtig. Mit seltsam veränderter Stimme spricht sie weiter.

Ja, sie schlug am meisten in Vaters Familie. Und bezahlte das natürlich in gewisser Weise mit der Unbill ihrer Mutter.

„Mein Vater starb leider schon 1923.“

Als sie begann, in die Schule zu gehen, durfte sie schließlich auch mit am Mittagstisch essen. Denn die Schule war erst um ein Uhr aus. Und sie kam mit ihrer zwei Jahre älteren Schwester Anneliese zusammen aus der Schule. Die ganz normale Situation, also mit am Tisch zu essen, empfindet Ursula, die vordem meist übersehen wurde, als eine Auszeichnung.

Sie erinnert sich an eine einzige Reise mit den Eltern und allen Geschwistern:

> *„Da sind wir mit dem Zug gefahren, und ich erinnere mich, dass Fabian, da muss der etwa zwei gewesen sein, laut brüllend am Bahnhof auf dem Arm des Kindermädchens gesessen hat, vor Angst vor dem Krach, den der Zug verursachte. Das ist mir als Kind schon alles schleierhaft gewesen an meiner Mutter, dass sie nie daran gedacht hat, wie solche Erlebnisse auf ein so junges angstvolles Gemüt haben wirken können. Sie rührte gar nichts, sieh zu, wie du fertig wirst. Da sind die Eltern zweiter Klasse gefahren, und das Kindermädchen mit uns Kindern in der dritten Klasse. Mutter hat sich dann ihren Liebling Lonny – zwei Jahre jünger als ich – manchmal geholt. Ja, vielleicht auch mal Anneliese, wenn sie eine Ansprechpartnerin brauchte. Aber ich taxiere, dass Vater für Gerechtigkeit gesorgt hat.“*

Jugendzeit auf dem Land

Mehrfach wird Ursula als Gespielin aufs Land gegeben zu befreundeten Gutsbesitzern, wo sie sich auch wohlfühlt, weit weg von der Mutter.

Ihre Biografie sei da schon verbogen worden, denn mit 14 gibt man sie wieder längere Zeit aus dem Haus, dieses Mal zu einer befreundeten Gutsbesitzerfamilie in die Neumark. Dort fühlt sie sich ganz wohl, lernt sogar vierspännig kutschieren, worauf sie stolz ist.

> *„Ich habe kein Heimweh gehabt, denn die Verbindung zu meiner Mutter war so wenig erfreulich, dass wir beiderseits froh waren, wenn wir uns nicht sahen."*

Das Leben auf dem Lande wie in den kleinen Städten, das war behaglicher, das war langsamer, die Leute dachten nicht so schnell.

Sie durfte natürlich nicht reiten. Das war der Gutstochter vorbehalten. Aber die ritt so widerwillig. Nur weil sie musste. Aber Ursula war ja nur ein Pflegekind, sie brauchte kein Pferd.

Aber ihr Pflegebruder, der zwanzig Jahre älter war und verheiratet, der zwei Buben hatte, von drei und zwei Jahren, der nahm sie mit, der war in seinem Regiment Fahrlehrer gewesen. Und der brachte ihr bei, wie man Pferdewagen fährt.

Also das erlaubte die Pflegemutter. Dass der Junge ihr beibrachte, wie man Pferde führt. Der Junge machte sie zum Kutscher bei seinen Fahrten. Das heißt, sie musste die Pferde ausschirren, in irgendeinen fremden Stall bringen, den Wagen aufräumen, die Remise halten, und dann konnte sie sich ins Stroh zu den Pferden legen und schlafen. Und wenn sie in der Nacht zurückfahren sollte, musste sie die Pferde wieder anschirren, vorfahren, wie jede andere Kutsche auch, um den Pflegebruder wieder nach Hause zu bringen. Dennoch fühlt sie sich dort wohl, weil sie gebraucht wurde.

Seufzend erzählt sie:

„Wissen Sie, ich war da drei Jahre auf dem Lande. Erst zwei Jahre mit dieser Pflegeschwester zusammen, und dann lernte ich Koch. Auf dem Gut. Das war eine Bedingung meines Vaters. Einer von der Familie muss richtig kochen können. Meine Mutter konnte nicht kochen. Und die anderen gingen noch in die Schule oder lernten tippen oder so was, aber kochen konnte keiner."

Beziehung zum Bruder

Die große Liebe ihres Lebens ist der Bruder Fabian.

Er sei von einer tiefen inneren Bescheidenheit gewesen. Der wollte nicht in der Welt prahlen, mit sich, seiner Familie oder seinen Kindern oder so was.

Und das ist das, was sie an diesem einzigen Bruder wirklich tief bewunderte, dass er nach der schwierigen Jugend noch ein normales Leben angefangen hat oder anfangen konnte. Ihm sei keine Hilfe bei diesen Seelennöten, die sie erlebt hatten als Kinder, zuteil geworden. Sie könne diese Ängste nur deshalb erahnen, weil sie diese Ängste geteilt habe.

„Er hat Angst gehabt, ich glaube vorm Sterben. Denn er ist ins Bett gegangen, und hat, jeden Tag von neuem, Stöcke

mit ins Bett genommen. Um sich zu verteidigen. Und, als er erwachsen war, da hat er doch auch immer die Pistole dabei gehabt. Immer darauf vorbereitet, dass er überfallen wird. Und, das habe ich doch miterlebt, dass diese Ängste nicht nur aus Angst waren, sondern die hatten echte Gründe. Er sollte ermordet werden. Die Nazis haben ihn eben lange auf dem Kieker gehabt, bevor sie die Macht hatten. Er hatte ein Stück Bewusstheit von seiner Berufung, dass er etwas im Leben zu leisten hatte. Und das hat er ja geleistet. Dann erst ist er gestorben.

Mein Bruder war, ja, einer von den stillen Christen, die etwas tun, ohne darüber zu reden. Sie müssen denken, dass für meinen Bruder eine ganze Welt untergegangen ist mit dem Ende des Krieges. Denn wer nicht schon tot war, der gab sich den Tod. Und das ist für meinen Bruder eine nie heilende Wunde gewesen.

Ich bin stolz auf meinen Bruder. Und wenn einer, dann hat er bewiesen, was man mit Charakter erreichen kann. Unter den Folterungen, den Qualen, denen diese Menschen ausgesetzt waren, ist es gar kein Wunder, dass doch einiges herausgesagt wurde.“

Der Deutsche Widerstand ist ohne Fabian von Schlabrendorff undenkbar. Es war, als hielte er die wichtigen Fäden in der Hand und als könne nur er die notwendigen Leute zusammenbringen. Und nur er hatte Kontakte zu den verschiedenen Widerstandsgruppen. Dieser Mann hat wie durch ein Wunder die Zeit der Verfolgung und Verurteilung überlebt.

Hier sind die unmenschlichen Folterungen angesprochen, denen die Teilnehmer an der Verschwörung durch SS und Gestapo ausgesetzt waren.

Fabian von Schlabrendorff, der Hitler durch ein Attentat beseitigen wollte und nur durch einen glücklichen Zufall dem Tod durch den Strang entging, stürzte eines Nachts – es war der 3. September 1980 – aus dem Fenster seines Hauses und starb.

> *„Mein Bruder wurde ja 1934 schon von den Nazis verfolgt. Nachts kamen SA-Leute, um ihn zu suchen. Aber sie fanden ihn nicht. Er hatte sich gut versteckt. Jede Nacht woanders."*

Erst im Juli 1944 war ihr klar, dass ihr Bruder Fabian in das Attentat verwickelt sein musste.

> *„Ich wusste viel von ihm. Er war Henning von Tresckows Adjutant und zu der Zeit schon 37."*

Ihr Bruder sei nie für Hitler gewesen, von Tresckow anfangs schon. Es habe aber nicht lange gedauert, bis er begriffen hat, dass Hitler den Osten, die Polen und die Juden vernichten würde. Das Militär sollte vor allem im Krieg gehorchen und für ihn sterben. Bei der Taufe der ältesten Tochter ihres Bruders habe sie Henning von Tresckow auch selbst kennengelernt.

Der Widerstand ihres Bruders begann etwa, als er 17 war. Noch auf dem Gymnasium habe er das Buch „Mein Kampf" gelesen. Aber nur die ersten 200 Seiten, dann warf er es angewidert in die Ecke und merkte sich trotzdem jedes Wort genau. Er schloss daraus, dass Hitler der Untergang ist. Das war 1925.

1933, als Hitler an die Macht kam, sagte ihr Bruder, das sei einer, der uns ins Verderben führt. Fabian habe das ganz frei geäußert, überall, wo er sich befand. Er wählte deshalb Jura, um unabhängig sein zu können. Er wollte niemals einen Eid auf Hitler leisten. Und er wollte ganz bestimmt nicht in die Richterlaufbahn, sondern als selbständiger Anwalt arbeiten.

Schon als junger Student in Halle lieferte er sich wegen seiner Gesinnung mit anderen Studenten Straßenschlachten. Immer wurde er von den Nazis verfolgt, aber nie von ihnen gefasst. Er war immer schneller als sie.

Ihr Bruder wusste, dass er gesucht wurde, dass er auf der Liste stand.

Als er dann zur Wehrmacht kam, war das ein relativ sicherer Ort für ihn. Da konnte die Partei ihn nicht so leicht finden. Ab 1936 gab es das Ersatzheer. Dort strömten die Männer hin, weil sie dann von der Partei verschont blieben.

Seine Schwester hat vor allen Dingen in den letzten vier, sechs Wochen seines Lebens einen besonders innigen Kontakt zu ihm gehabt. Anderthalb Tage vor seinem Tod war sie noch bei ihm. Da hatte er eine Querschnittslähmung und sagte, er werde sterben, sie würden sich nie wiedersehn.

Welche Beziehung hatte der Bruder zu ihr? Sie war doch diejenige, die in das Gefängnis kam, die mit seinem Folterer gesprochen hat. Traurig sagt sie:

> *„In gewisser Weise hat er mich vielleicht bewundert. Aber geliebt hat er die Schwester Lonny. Sie machte ihm keine Schwierigkeiten, sie war nett anzusehen, sie war zum Vorzeigen. Ich machte ja immer wieder irgendwelche Dummheiten, durch die ich unangenehm auffiel. Er musste sich*

meiner schämen. Auf der anderen Seite hat er nicht Lonny bei seinen Freunden eingeführt, sondern mich. Und darüber bin ich ja dann auch manchmal stutzig geworden.“

Besuch bei Kaiser Wilhelm II. in Doorn

Ursula verbringt im Jahr 1934 ihren Urlaub bei Bekannten in Holland. Durch Vermittlung von Freunden ihres Vaters wird ihr Wunsch erfüllt, den Kaiser in seinem holländischen Exil Doorn zu begrüßen.

Als der Kaiser 1918 nach Holland flieht, ist das ein tiefer Einschnitt in ihrem Mädchenleben, wie sie sagt. Obgleich in ihrer Umgebung der Kaiser als Feigling bezeichnet wird, selbst von ihrem Vater, sieht sie die Dinge damals und später anders. Sie ist überglücklich beim Tee mit Kaiser und Kaiserin. Sie dachte, nach einer halben Stunde würde sie wieder entlassen, aber da der Kaiser ihren Vater wohl sehr geschätzt hatte, durfte sie das ganze Schloss sehen und die Kaiserin begrüßen. Vor ihr machte sie auch einen Hofknicks und dann sagten Kaiser und Kaiserin, sie hofften, Hitler würde den Kaiserthron wiederherstellen. Ursula glaubte, nicht recht zu hören. Nach dem Tee ging der Kaiser noch eine Stunde lang mit ihr im Park spazieren. Dabei sprachen sie über gemeinsame Bekannte aus dem Hochadel und Nichtadlige, die Zugang zum Hof hatten. Da sie im Begriff war, nach Stettin umzuziehen, habe er ihr Adressen und Empfehlungen gegeben, damit sie in Stettin nicht so allein sei.

Er sei ein armer, unfähiger Mensch gewesen, dem man eine Schuld zuwies, die er nicht tragen konnte. Er hätte nie Kaiser werden dürfen. Er hatte ja im Alter noch eine Prinzessin Reuß geheiratet, damit er nicht so allein sei.

Ursula hat Mitleid mit dem verehrten Kaiser Wilhelm, kann aber dennoch die Dinge rational einordnen. Sie erwähnt im Gespräch mit mir noch den Mord an SA-Chef Ernst Röhm, der einige Tage vorher geschehen ist, von dem sie aber zum Zeitpunkt ihres Besuches in Doorn noch nichts wusste.

Eigener Konflikt mit den Nationalsozialisten

Ursula arbeitet für das Rote Kreuz als Krankenschwester in Pommern, das durch den polnischen Korridor von Ostpreußen und vom Reich getrennt ist. Sie macht keinen Hehl aus ihrer Abneigung gegen Hitler. Aber dies kommt der Gaufrauenschaftsleiterin zu Ohren. Sie wird nach dem Parteigericht verurteilt, fristlos entlassen und darf Pommern sogar einige Jahre nicht mehr betreten. Zweimal pro Woche muss sie sich dann bei der Polizei in Berlin melden.

Ursula ist ohne Arbeit und weiß nicht wohin. Sie ist vorbestraft und wird von der Gestapo beobachtet. Sie wird depressiv.

> *„Ja, ich wollte ins Wasser gehen, aber ein guter Freund, Christoph von Halem, der gerade wegen politischer Unzuverlässigkeit vier Wochen im Gefängnis gewesen war, half mir in dieser schweren Zeit und nahm mich auf.“*

Zur Mutter konnte sie nicht gehen, sagt sie, die Mutter habe sich geschämt. In diesem Moment kommen ihr wieder Hass und Furcht der Mutter gegenüber in Erinnerung.

Kein Mensch wollte sie, als Naziverfolgte, in seiner Wohnung haben. Diese Geschichte habe sich natürlich in der Verwandtschaft und in der Bekanntschaft wie ein Lauffeuer herumgesprochen.

Die Ursula steht unter Verdacht, Anti-Nazi zu sein. Und das ist natürlich ein schweres Verhängnis. Damit hat sie sich so außerhalb der Familie gestellt, dass ihre Familie sie wirklich nicht mehr aufgenommen hat. Das war 1936.

Und der Bruder, wie hat er darauf reagiert?

> *„Ja, dass Hitler beseitigt werden muss. Auf meine trostlose Situation ging er nicht weiter ein.“*

Das Attentat auf Hitler am 20. Juli 1944

Fabian von Schlabrendorff als Adjutant bei Henning von Tresckow befindet sich mit diesem an der Front in der Sowjetunion bei der Heeresgruppe Mitte. Sie waren Freunde und über Fabians Frau sogar miteinander verwandt. Als seine Schwester Ursula am 20. Juli vom Attentat hörte, da wusste sie, dass er auch daran beteiligt war.

> *„Am 20. Juli 1944 war ich im tiefsten Hinterpommern, auf dem Lande, bei meiner Freundin. Es waren Lautsprecher aufgestellt. Die Leute standen zusammen. Viele sagten ‚unser armer Führer‘. Und am Abend hörte ich Hitlers schreiende Stimme mit jenen Worten, die wir alle kennen.*
>
> *Mein Bruder hat das im Feld natürlich gewusst. Er lag bei Smolensk. Henning von Tresckow hatte kurz nach dem*

gescheiterten Attentat an der Front Selbstmord begangen und sich vorher noch von Fabian verabschiedet.

Am 17. August 1944 wurde er verhaftet. Von der Front weg. Er wurde ins Gestapogefängnis in Berlin eingeliefert und dort der Misshandlung, der Folterung sowie den psychischen Qualen voll ausgesetzt.

Zu der Zeit war ich in Detmold und habe dort den Haushalt meiner Mutter aufgelöst. Am 30. August kam ich auf der Reise nach Berlin, wo ich eine Stelle hatte, durch Magdeburg. Zu einem Bruder meiner Mutter.

Ich kam ganz überraschend. Und der sagte, weißt Du, was mit Fabian ist? Sie haben ihn eingelocht. Und ich *dachte, er sei noch an der Ostfront!*

Mich riss es fast in Stücke. Sofort fuhr ich nach Berlin weiter zu meiner Schwester, die mit mir zusammenwohnte. Ich fragte sie, ob sie etwas wüsste. Aber sie hatte keine Ahnung. Auch nicht, in welchem Gefängnis Fabian säße. Wir beschlossen deshalb, von einer Haftanstalt zur andern zu gehen, und ihn zu suchen."

Auch andere Personen, die am 20. Juli 1944 beteiligt sind, kennt Ursula und macht keinen Hehl aus ihrer Zuneigung oder Abneigung:

„Da kamen eines Tages zwei Frauen, die eine mit 'nem kornblumenblauen, die andere mit einem mohnroten Kopftuch an, und wollten mich sprechen. Und da stellte sich heraus, dass die eine Freya Gräfin Moltke, und das andere die Gräfin York war. Die kamen zu mir und wollten wissen, wer wo von dem Rest der Angehörigen der Verschwörer geblieben war."

Die Gräfin Moltke sei eben sehr geprägt gewesen von ihrem Mann. Die gehörten den Kreisauern an und wollen Hitler lebend vor ein Gericht stellen. Ihr Bruder Fabian aber meinte, Hitler sei zu töten, damit das Heer und die Beamten von ihrem Eid an Hitler befreit würden. Dem deutschen Soldaten sei der Eid wichtiger als alles andere. Und das sei etwas Trennendes zwischen den Gruppierungen gewesen.

Die Suche nach dem Bruder nach dem 20. Juli 1944

Die Erinnerung an die Ereignisse des 20. Juli 1944 erregen sie so stark, dass sie nur mühsam sprechen kann, während sie sich die Angst um ihren Bruder vergegenwärtigt. Man hatte ihr gesagt, dass der Bruder im Gefängnis sei, aber niemand wisse, wo.

> *„Wir haben in Berlin so 16 bis 17 Gefängnisse abgelaufen. Dann blieb nur noch eins übrig, das Reichssicherheitshauptamt in der Prinz-Albrecht-Straße. Als ich zum ersten Mal hinkam und nach ihm fragte, ja, danach kann man das berechnen. Am 17. war er aus dem Felde geholt, also war ich wahrscheinlich in der ersten Septemberwoche mal da gewesen und hatte gefragt. Und dann hatte der Habecker gesagt, ja er sitzt hier und hat seit drei Wochen keine frische Wäsche und nichts anderes anzuziehen. Er ist aus der Armee ausgestoßen und trägt immer noch die Armeeuniform und hat keine anderen Stiefel. Er sitzt immer noch in hohen Gamaschen. Warum kommen Sie so spät erst?“*

Seit Ursula weiß, dass ihr Bruder im Gefängnis der Gestapo in der Prinz-Albrecht-Straße gefangen gehalten wird, beschließt sie, sich mit dem Direktor des Gefängnisses, Habecker, anzufreunden, um ihrem Bruder die Haft zu erleichtern. Durch eine Bemerkung von seiner Sekretärin erfuhr sie, dass sie ihn wahnsinnig gefoltert haben, wie sie sagt.

> *„Keinen, keinen einzigen Namen seiner Kameraden hat er genannt“,*

erzählt sie stolz. Das ist das, was sie vor allem an ihrem Bruder bewundert und geachtet habe.

Sie habe sich immer juristische Dinge überlegt, die mit ihrer Wohnung zusammenhingen, damit sie ihn sehen und sprechen durfte.

> *„Der Habecker konnte meinem Bruder die Beine nicht peitschen, weil er ja noch Militärstiefel und Gamaschen anhatte. Das war für Habecker wichtig, denn er hasste den Adel und verehrte Hitler. Ich musste für meinen Bruder Zivilkleidung beschaffen, weil er ja ausgestoßen war aus der Armee.“*

Bemerkungen über den Adel

Ursula macht – je nach Stimmung und Situation – aus ihrem Stolz auf Herkunft und Adel, wenn auch verarmtem Adel, keinen Hehl.

> *„Außer dem Land besaß der Gutsbesitzer kein Geld. Und das mussten sie verkaufen, um nicht an den Schulden zu*

ersticken. Und doch sind sie zugrunde gegangen. Das war so Anfang des Jahrhunderts. Sie gingen in die Stadt und wurden Soldaten. Alles weg, und aus so einer Familie komme ich.

Im Gegensatz zum preußischen oder zum ostischen Adel waren diese Franken, woher meine Mutter stammt, frei von der entsetzlichen Armut, die den norddeutschen Adel ja immer bedroht hat. Sie haben sehr auf sich gehalten."

Und ihre Mutter habe sie als Erwachsene besonders verachtet, denn sie hat für Geld gearbeitet, was kein anständiger Mensch tue! Und dann noch in der Wohlfahrt! Und sie sei ja, durch ihren Vater, stolz darauf gewesen, ihr Brot selbst zu verdienen. Und nicht betteln gehen zu müssen! Einen Beruf gehabt zu haben, den sie ausfüllen konnte.

Kriegsereignisse

Ursulas Aussagen über Leben und Überleben im Krieg konzentrieren sich auf das Leben und Handeln ihres Bruders im Kampf gegen Hitler. Die dreimalige Ausbombung im Zweiten Weltkrieg wird nur nebenbei bemerkt:

„*Nach unserer dritten Ausbombung gerieten wir zu zwei Schwestern, die etwa zwanzig Jahre jünger waren als wir. Also meine Schwester und ich, wir waren 38 und 40, und diese beiden jungen Schwestern waren 20 und 22. Und die nahmen uns beide auf. Da waren wir also zwei Schwesternpaare. Und wir haben so sehr gut miteinander harmoniert.*"

Am 20. Juli 1994 habe sie eine von den beiden bei den Feiern im Bendlerblock in Berlin wiedergetroffen. Und jetzt habe sie in Frankfurt eine Freundin, von der sie fünfzig Jahre getrennt war.

Das Trauma, das die deutschen Frauen schon lange vor dem Zusammenbruch bewegte, war der mögliche Einmarsch der Russen. Und tatsächlich wurde das alles dann grausame Realität, was Goebbels in den schwärzesten Farben prophezeit hatte. Vor allem der Alkoholmissbrauch und die Rache wegen der verbrannten Erde in der Heimat, führte zu unberechenbar schändlichen Handlungen der Rotarmisten.

Die Besetzung Berlins durch die Russen empfindet auch Ursula als schreckliche Begleiterscheinung des Krieges. Sie erlebt beinahe hautnah Vergewaltigungen und Tötungen mit, kommt aber selbst durch ihre burschikose und energische Art erstaunlicherweise ungeschoren davon.

Sie schildert die Begegnung mit den Russen auf ihre eigene Art:

> *„Am 25. April 1945 hatten sie unseren Stadtteil in der Klemme. Sie wohnten bei uns und wir mussten sie aushalten. Nein, so nicht, wie Sie denken! Eine Erleichterung im Krieg war es, dass nun keine Bomben mehr auf uns fielen. Aber dann in Berlin fing für uns die schwerste Zeit unseres Lebens an. Nämlich die Russenbesetzung. Die Russen haben mir nie Gewalt angetan.*
>
> *Nein! Ich hab' zu ihnen gesagt, nee, is nich!*
>
> *Die Russen hatten Respekt vor mir. Ich war ja immer so breit und so dick gewesen. Aber ich hatte keine Lust, mich mit Russen einzulassen. Wir haben trotzdem furchtbar hungern müssen damals. Und das war schrecklich! Die Russen*

hatten nachmittags um vier Feierabend. Und dann ergoss sich diese Soldatenschaft durch die Häuser. Und da hieß es ‚Frau komm'. Diese Geschichten spielten sich dann ab. Und, ja, da war ich eben widerborstig. Und wir hatten auch Glück, sie taten auch meiner Schwester nichts."

Auch wenn die sowjetischen Soldaten Ursula keine Gewalt antaten, so muss dieses Kommen und Gehen und Herumlungern und Durcheinanderwühlen im Haus für die vier Frauen, die Ursula doch alle durch ihre strenge Art vor dem Schlimmsten bewahren konnte, unerträglich gewesen sein.

Beziehungen zu Männern

Es bahnen sich keine Beziehungen zu Männern an. Irgendwelche Verliebtheiten oder Verehrungen betreffen nur den Bruder und den Kaiser. Die Russen konnten erfolgreich abgewehrt werden.

In den Kreisen, in denen sich Ursula normalerweise aufhält, scheint sich kein Mann für sie je interessiert zu haben. Sie war immer zu selbstständig, zu derb und zu widerborstig, herrschsüchtig und wenig aristokratisch, um den damaligen Gepflogenheiten zu entsprechen. Männer aus der Unterschicht kamen für Ursulas Vorstellung auf keinen Fall in Frage, denn diese waren nicht standesgemäß.

Auch über Hitlers Herkunft urteilt sie in diesem Sinn:

„Der Hitler hat sich ja sehr früh aufs Nichtstun verlegt, und da ist die Politik immer das, was am allermeisten von vielen

Seiten betrachtet werden kann. Damit hat er die Leute an sich gezogen.

Er konnte seine Herkunft nicht verleugnen. Er war kleiner Leute Kind. Und er hat sich daraus nie lösen können."

Beziehungen zu anderen Menschen

Die intensiven Kontakte bestehen vor allem zu den Nachkommen des Bruders. Zu den Angehörigen oder Nachkommen der Männer des 20. Juli bestehen lockere Beziehungen:

„Ich kenne die Gräfin Stauffenberg. Aber, sie ist eine sehr unnahbare Frau, die will auch von dem Namen Schlabrendorff nichts hören. Ich denke, dass da der Unterschied des Bekenntnisses, evangelisch und katholisch, sehr zum Zuge kommt. Die hab ich ja doch alle erst kennengelernt, seit es diese Feierlichkeiten zum 20. Juli gibt. Und die gibt's ja erst seit 1952. Da hat man sich kennengelernt. Also ich habe die Harmsens und die Haeftens gekannt. Mit der Schwägerin von Barbara von Haeften war ich eng befreundet. Das war Elisabeth von Haeften, verheiratete Harmsen. Ihr Mann war der große Gesundheitsminister Preußens. Und sie, die Elisabeth, war Fürsorgerin. Die kannte ich aus unserer Schule in Berlin."

Hier ist interessant festzustellen, inwiefern sich die emotionalen Beziehungen in der Familie auf Ursula auswirkten. Ursulas Lebensproblem ist die Beziehung zur Mutter, von der sie schlecht behandelt wird. Sie betont immer wieder, dass sie dadurch selbst schroff geworden sei.

Eigenes Leben und eigene Entwicklung

Ursula spricht auf mehrfache Weise von zwei Leben, die sie lebte: Kindheit und Erwachsenenleben.

Ursula war immer gezwungen, selbstständig zu sein und verachtet und beneidet gleichzeitig ihre Schwägerin, die Frau ihres Bruders Fabian, eine verwöhnte junge Frau aus dem Hochadel.

Verbittert sagt sie:

> „*Diese geborene Bismarck ist eben eine lahme Ente, seit sie auf dieser Welt ist. Sie ist immer übergeliebt worden, man hat nie etwas von ihr wirklich verlangt. Sie hat nie was liefern müssen, um zu sagen nie was leisten müssen. Die schlimmste Zeit meines Lebens war, als mein Bruder im Reichsicherheitshauptamt war. Das war furchtbar. Und ich immer seine blutige Wäsche bekam von den Folterungen und die dann gewaschen wieder hintrug. Seine Frau war mit dem Gebären der sechs Kinder beschäftigt und hat sich dort im Gefängnis nie sehen lassen.*“

3. Februar 1945: Der Bruder fast am Galgen

An diesem Tag soll das Todesurteil im Volksgerichtshof über Fabian von Schlabrendorff verhängt werden. Der Tag wird jedoch zum Todestag von Fabians Henker, Hitlers Blutrichter Roland

Freisler. Das sieht Ursula als Gottesurteil! An diesem Tag überziehen die alliierten Bomber Berlin mit einem verheerenden Großangriff. Das entsetzliche Trommelfeuer fängt so gegen halb 10 Uhr an. Und die Gerichtsverhandlung hat um 9 Uhr begonnen. Das ganze Gericht geht in den Keller mit den Gefangenen. Sie hat dann später von ihrem Bruder gehört, dass Freisler mit Fabians Akte unter dem Arm, neben ihm stehend, von einem herunterfallenden Balken erschlagen wurde.

Was hat Ursula in ihrem Leben für sich selbst gemacht?

„Nun, ich habe ja 'ne ganz gehörige Portion von Ausbildung auf mich genommen. Und das meiste davon waren Freistellen. Früher musste man ja was zuzahlen, wenn man was lernen wollte.

Ich habe also angefangen in der Säuglingspflege, und da hatte ich eine halbe Freistelle. Und dies wurde mir immerzu von diesem Kinderheim unter die Nase gerieben. Sodass ich dachte, also hier in Kassel werd' ich nicht die große Krankenpflege machen, ich geh' nach Berlin! Da such' ich mir selber aus, wo ich hingehe.

Nun hatte ich ja schon das sogenannte kleine Krankenpflegeexamen. Und so nahm mich das neue Krankenhaus unter besseren Bedingungen. Und so musste ich nicht Lehrgeld zahlen, sondern durfte umsonst arbeiten.

Das bedeutete aber auch, dass ich keinen Pfennig für mich selber hatte.

So dass ich meinerseits dann abends gegangen bin, um Treppenhäuser zu putzen, oder Litfaßsäulen zu bekleben, solche Dinge zu tun, die sich mir anboten. Oder großen Abwasch zu machen, wenn die Leute Hochzeit hatten oder irgendsowas. Bei Festen, da wurde man dann gebraucht. Die Arbeit hat mich sicher nicht verbogen.

Dass meine Mutter mich nicht leiden konnte, das hab' ich schwer genommen. Und ich habe mich gefragt, was ist an mir so verachtenswert?"

Im Dezember 1945 verlässt Ursula mit ihrer Schwester Berlin und kommt nach Frankfurt am Main, wo sie bald eine gute Stelle findet und ein zufriedenes Leben führen kann. Dort wurde sie sehr schnell von der Inneren Mission in Frankfurt angestellt. Als Leiterin der Bahnhofsmission, für die amerikanisch-französische Zone. Sie bekam einen Interzonenpass und konnte von einem Bahnhof zum anderen fahren und nun Einrichtungen finden, Vorschläge machen, Verbindungen knüpfen zum evangelischen Hilfswerk, zu Leuten, die diese Arbeit übernehmen wollten. Zu Arbeitslosen. Man brauchte sehr viel Räume, weil man die vielen Flüchtlinge unterbringen musste. Dann erhielt sie eine Stelle bei der Bank Deutscher Länder bis zur Pensionierung.

Befindlichkeiten und Selbstwahrnehmung im Alter

Ursula hat ein ausgezeichnetes Gedächtnis, erinnert sich an viele Namen und Gegebenheiten und kann auch viele Gespräche genau wiedergeben. Jahreszahlen und andere Daten verwechselt sie leicht, kann aber auf genaues Insistieren hin alles richtig einordnen. Ihre psychische Befindlichkeit macht ihr jedoch oft zu schaffen. Früher konnte sie sich aus dem Sumpf selbst herausziehen, heute kann sie es nicht mehr.

Am Abend eines langen Gesprächs sagt sie:

> *„Aber ich lebe doch so gern! Ich trinke jeden Tag ein Glas Wein. Manchmal reicht bei mir die Kasse nicht. Dann bin ich eigentlich mit mir selber böse. Aber dann hab ich eben irgendwo anders zu viel Geld ausgegeben. Und, es gehört zu meinen schlechten Seiten, ich verschenke gerne Sachen. Und da verausgabe ich mich. Und da kann ich niemandem einen Vorwurf machen, höchstens mir selber. Ich habe keinen echten Grund, mich zu beschweren. Gestern war ein Tag, Sie können sich gar nicht vorstellen, wie schön der war. Es war der Geburtstag meines Bruders.“*

FRAUEN IN DER GESCHICHTE DES MILITÄRS

Militärgeschichtliche Studien wurden bisher selten mit Frauen in Verbindung gebracht. Die traditionelle Militärgeschichtsschreibung kennzeichnete ein doppelt männlich geprägter Blick. Zumeist befassten sich männliche Historiker ausschließlich mit männlichen Akteuren. Die männlichen Vorurteile verkannten die Realität: Die Armee führte Kriege, doch der Krieg hinterließ Witwen und trauernde Mütter.

In früheren Zeiten haben Frauen in der Umgebung von Soldaten immer eine gewisse Rolle gespielt. Seit der Antike befanden sie sich in deren Gefolge. Im Mittelalter und der Frühen Neuzeit wurden sie ein Anhängsel des Heeres als Händlerinnen, Dirnen und Marketenderinnen. Viele Frauen gehörten zum Tross eines Heeres. Die Trossweiber mussten schanzen, pflegen, reinigen, plündern und kochen.

Im 18. Jahrhundert versuchten die absolutistischen Landesherren, Frauen vom stehenden Heer fernzuhalten. Der Befehl wurde umgangen.

Der Erste Weltkrieg förderte wieder stark die Heranziehung der Frauen für Kriegsdienste, besonders im Sanitätswesen, aber auch in traditionellen Männerberufen. Die Personalknappheit machte den Einsatz der gesamten Bevölkerung notwendig. 1918 erhielten die Frauen dann endlich die lang erkämpfte politische Gleichberechtigung – nach der Revolution und aufgrund des Drucks der Massen von der Straße, wohl auch für ihre Mithilfe im Kriegsdienst. Das allgemeine Wahlrecht für Frauen war in Deutschland, Großbritannien und den USA die Belohnung für den Einsatz der Frauen im Krieg.[18]

18 Seidler 1978: 13.

Die verschiedenen Stimmrechtsvereine, der radikale und der pazifistische Flügel, hatten zusammen in Protestaktionen gegen die politische Rechtlosigkeit der Frauen demonstriert. Seit 1918 waren neue Artikel im Gesetzbuch ergänzt worden: Art. 109„grundsätzlich“ gleiche Rechte für Frauen und Männer, Art. 119: „Die Ehe soll auf der Gleichberechtigung der Geschlechter beruhen.“[19]

Im Ersten Weltkrieg hatten die meisten Frauen ihre Interessen hinter die des Vaterlandes gestellt, in der Weimarer Republik hinter die Notwendigkeiten der Krisenbewältigung und des politischen Kampfes.

Im Nationalsozialismus erhielten die Frauen eine zentrale Rolle im rassisch-völkischen Konzept. Im Zuge der Kriegsaufrüstung und des späteren fatalen Kriegsverlaufs des Zweiten Weltkrieges wurden sogar viele Einschränkungen, die die Frauen betrafen, wieder zurückgenommen.

Frauen an der Kriegsfront

Während die große Masse der Frauen an der Heimatfront in der Literatur eher zu den Mitläuferinnen gezählt wird, die mehr oder weniger engagiert das terroristische System mittragen halfen, mussten die in die Lager deportierten Frauen schuldlos die Opferrolle annehmen.

Daher besteht wenig Zweifel an der Tatsache, dass die Frauen an der Front, in der Männerwelt Krieg, als Helferinnen in der Armee oder im SS-Apparat nach der Trennschärfe der Opfer-

19 Zit. nach: Geiger/Weigel 1981: 164 aus Verfassung 1919: 18 f.

Täter-Unterscheidungen wahrscheinlich zu den Mit-Täterinnen gezählt werden können. Allerdings muss auf Verallgemeinerungen verzichtet und jeder Fall individuell betrachtet werden.

In der soziologischen Literatur finden sich neuerdings auch die vorsichtigen Worte: „Es herrscht weitgehender Konsens darüber, dass die eindeutige Zuordnung zum Entweder-Oder der Opfer-Täter-Kategorie den Realitäten kaum gerecht wird."[20]

Das dualistische Geschlechterrollenkonzept musste die nationalsozialistische Führung im Verlauf des Zweiten Weltkrieges, der Personalnot gehorchend, revidieren. Mit der Ausdehnung der besetzten Gebiete in weite Teile Europas war großer Personalbedarf entstanden. Besonders nach der militärischen Katastrophe von Stalingrad am 2. Februar 1943 sah man sich gezwungen, den weiblichen Einsatz drastisch zu verstärken.

Der dabei benutzte Begriff „Helferin" sollte an der Idee des typisch weiblichen Geschlechtscharakters festhalten und die Frauen in ihrer traditionellen Rolle als Unterstützerinnen des Mannes erscheinen lassen. Das täuscht über manchen gefährlichen und wichtigen Einsatz hinweg.

Die deutschen Frauen als Helferinnen der Wehrmacht, die für Margarete Mitscherlich „anscheinend noch die initiativreichsten in der Masse der Mitläuferinnen"[21] gewesen sind, hielten in zahlreichen Organisationen und Institutionen des NS-Regimes Einzug und dort die Stellung, vor allem im Krieg. Sie waren präsent als Helferinnen der Wehrmacht, der SS, der Gestapo, des

20 Thürmer-Rohr 2004: 87.

21 Killius 2003: 7.

Deutschen Roten Kreuzes u. a. m. und hatten ihren Einsatz in den besetzten Gebieten und im Deutschen Reich.[22]

Meine beiden Gesprächspartnerinnen von der Wehrmacht befanden sich im rückwärtigen Raum hinter der Front und nicht im Gefechtsgebiet selbst und auch nicht unbedingt in Gegenden, die von Partisanen beherrscht wurden.

Marias Gerhardts Einsatzorte im Krieg wirkten beinahe harmlos, Ursula Rungs Einsatzort war später, als sie nicht mehr dort war, Partisanengebiet. Sie betrachteten ihren Fronteinsatz (Maria weniger, Ursula mehr) im Zeichen der Kameradschaft, die, wie bei den Männern und auch bei den sowjetischen Frontkämpferinnen als Leidensgemeinschaft und manchmal sogar als Familienersatz fungierte und den Krieg erträglich machte.

Beinahe einen Gegensatz zu den deutschen „Blitzmädchen" und „Stabshelferinnen", wie Wehrmachthelferinnen wie Ursula und Maria genannt wurden, bilden die russischen Frauen, die, wie die Scharfschützin Nina Lobkovskaja, in der Hauptkampflinie agierten. Diese waren aktive Kombattantinnen, jene eher passive. Die weißrussische Schriftstellerin Swetlana Alexijewitsch spricht noch deutlicher über die Frau im Krieg, d. h. an der Front: „Im furchtbarsten Krieg des 20. Jahrhunderts fühlte sich die Frau verpflichtet, Soldatin zu werden. Sie schleppte nicht nur Versehrte aus dem Feuer und verband Wunden, sie war auch Scharfschützin, flog Kampfeinsätze, sprengte Brücken, war Kundschafterin und machte Gefangene. Die Frau tötete."[23]

22 Vgl. Maubach 2009: 23 ff.

23 Alexijewitsch 1989: 7.

Hier wird auf eine bewusste Übernahme männlicher Handlungsinhalte bei diesen Frauen in der akuten Kriegssituation verwiesen.

Für die sowjetischen Frauen in dieser männlich tradierten Welt war, wie sie immer wieder in ihren Gesprächen betonen, die Kameradschaft besonders zu Frauen, aber auch zu Männern, ein hohes Gut, das sie befähigte, die größten Strapazen auszuhalten.

Heimatliebe, Familie und militärischer Kameradschaftsbund waren keine konkurrierenden, sondern komplementäre Daseins- und Gefühlsbereiche.

Die sowjetischen Soldatinnen wurden in der NS-Propaganda als „Flintenweiber" diffamiert. Dadurch wurden sie von den deutschen Soldaten als unweibliche Kreaturen wahrgenommen.

Der moderne Krieg ist ein kollektives Geschehen, ein Zusammenwirken von Männern und Frauen geworden, die endlich in der Aggression gleichwertig sind und aus der Zuschauerrolle in die der Kämpferinnen gewechselt sind. Oder anders ausgedrückt, es verwischen sich immer mehr die geschlechtsspezifischen Unterschiede im Verhalten von Frauen und Männern im Kriegsgeschehen.

Und doch scheint eine gegenseitige Abhängigkeit im Verhalten der Geschlechter im Krieg zu existieren, denn in der Literatur wird behauptet: „Die Situation, in der Männer von Frauen unbeeinflusst hätten agieren können, hat es zu keiner Zeit und an keinem Ort gegeben."[24]

Meine Gesprächspartnerinnen sind Frauen als Kriegerinnen im Kriegsgeschehen des Zweiten Weltkrieges und somit Handelnde und Behandelte mit eigenen Interessen und Motiven und

24 Windaus-Walser 1988: 113.

Teil eines ideologischen Systems, das Nationalsozialismus und Stalinismus hieß.

Sie waren zweifellos aktiv daran beteiligt, Gewalt mit Gewalt zu begegnen, „den Krieg zu töten", wie die russischen Frauen sagten und, was die deutsche Seite betrifft, geht die Forschung noch weiter, denn: „Ohne die Kriegsbeteiligung von Frauen hätte das nationalsozialistische Deutschland vor Mai 1945 kapitulieren müssen. Dies hätte das Leben von Millionen Menschen sowohl auf deutscher als auch auf alliierter Seite, von Soldaten und Zivilisten, retten können."[25]

Deutsche Frauen als Wehrmachthelferinnen

Zwischen 1933 und 1939 wurde der Prozess der Gleichschaltung aller Deutschen und ihrer Erfassung zum Arbeitseinsatz für den Staat realisiert.

Im Wehrdienstgesetz von 1935 waren alle Deutschen, Frauen und Männer, für den Einsatz in einem möglichen Krieg verpflichtet worden. Der Reichsarbeitsdienst (RAD) erfasste alle jungen Leute ab 17 Jahren zum Einsatz für Landwirtschaft und Familienhilfe.

> „Für die weibliche Jugend", schreibt Franz Wilhelm Seidler, „wurde die Arbeitsdienstpflicht erst zu Kriegsbeginn eingeführt. Auch die Möglichkeit einer ‚Dienstverpflich-

25 Kompisch 2008: 228.

tung‘ für eventuelle politische Notstände wurde geschaffen.“[26]

Hitler lehnte jedoch im Krieg bis zum Schluss eine allgemeine Dienstpflicht für Frauen ab. Eine solche widersprach seinen ideologischen Vorstellungen. Die Frau sollte vor allem als Mutter zur Verfügung stehen. Und er versprach sich von der nationalsozialistischen Erziehung, dass alle diejenigen, denen Mutterschaft nicht vergönnt war, sich zum freiwilligen Dienst melden würden.

Dem war nicht so. Einige meldeten sich freiwillig, andere wurden, vor allem nach Stalingrad, als die Kriegslage sich immer mehr verschlechterte, zwangsdienstverpflichtet. Aber nicht konsequent. So konnten sich viele drücken. Dies betraf besonders die höheren Gesellschaftsschichten.

Um die Wichtigkeit der Situation zu betonen, hieß es, **jede Frau sollte einen Soldaten für die Front freimachen.**

Sie sollten aber nicht kämpfen, nicht die Waffe in die Hand nehmen, wie es für Frauen seit dem 2. Januar 2001 in der deutschen Bundeswehr und in vielen anderen Armeen der Welt schon länger möglich ist, sondern sie sollten als Nichtkombattantinnen mitten im Kriegsgeschehen tätig sein. Und zwar als **Wehrmachthelferinnen**. Und das nicht nur im Deutschen Reich, sondern auch in den besetzten Gebieten, in Frankreich und im „Osteinsatz“. Sie hatten die Aufgabe, sozusagen vom Büro aus den Krieg mitzuführen. Hierbei erhielten sie teilweise streng geheime Informationen, aber sie interessierten sich nicht dafür. Vermutlich, weil sie zu sehr mit sich selbst und den Vorteilen, die die

26 Seidler 1996: 9.

Situation ergab, beschäftigt waren. Sie arbeiteten bei allen drei Wehrmachtsteilen: Heer, Luftwaffe und Marine.

Andere wurden zwangsdienstverpflichtet und konnten sich mit ihren Eltern nicht dagegen wehren, auch wenn sie noch nicht volljährig waren.

An ihre Aufgaben bei der Deutschen Wehrmacht gewöhnten sie sich ziemlich schnell. Sie wurden uniformiert, kaserniert und einer gewissen militärischen Disziplin unterworfen, d. h. sie mussten das Funktionieren unter einem Befehl einüben, wie etwa Marschieren, Wenden und korrektes Grüßen. Die Gefühlsskala ihrem neuen Umfeld gegenüber reichte von großer Begeisterung, besonders wenn sie im Ausland stationiert waren, und großem Interesse bis hin zur emotionslosen Einsicht in eine Notwendigkeit.

Negative Gefühle sind eher selten geäußert worden. Und wenn, dann durch die Enttäuschung, eben nur im Deutschen Reich eingesetzt zu sein.

Allen gemeinsam ist die positive Erinnerung an eine wunderbare Gemeinschaft mit den Kameradinnen. Diese Solidarität und das große Zusammengehörigkeitsgefühl, auch mit Soldaten, hat sie für vieles entschädigt.

Bereits seit 1939 waren sie als Nachrichtenhelferinnen, Stabs-, Flak- und Luftwaffenhelferinnen tätig und wurden unter dem Sammelbegriff „Wehrmachthelferinnen" geführt.

Innerhalb des Deutschen Reiches mussten ab 1943 ca. 45.000 „Maiden" als Flakhelferinnen dienen. Dies war keineswegs ungefährlich und passte nicht zu dem NS-Frauenbild. Sie arbeiteten in Dreierschichten Tag und Nacht und machten sogar Schießübungen, um für den Not- und Ernstfall vorbereitet zu sein.

„An einzelnen Orten lernten sie sogar Handgranaten werfen […] Frauen durften auf Flieger schießen.“[27]

Zum Teil, besonders in den besetzten Gebieten im Osten, trugen die Frauen Uniform, bestehend aus Bluse, Kostüm und Kopfbedeckung, dem sogenannten „Schiffchen“.

Es gab, was kaum bekannt ist, im Verlauf des Krieges etwa 500.000 Wehrmachthelferinnen.

Sie unterstanden als Mitglieder des Wehrmachtgefolges dem Kriegsstrafrecht bzw. dem Militärstrafgesetzbuch.

Während die Auslandseinsätze bei der Wehrmacht von vielen Frauen als positiv erlebt wurden, weil sie ihnen unbekannte Möglichkeiten und Freiheiten eröffneten, wurde der Einsatz in der Heimat zu einer immer größer werdenden Belastung. Die Schrecken des Bombenkrieges, der Verlust aller Dinge, die materiellen und emotionalen Halt boten, erfuhren die Frauen meist direkter als die an der Front eingesetzten Männer.

Ihnen stand die Diskrepanz zwischen der nationalsozialistischen Propaganda der Heimatverteidigung und der Realität des Krieges besonders klar vor Augen. Gleichzeitig mussten sie hinnehmen, dass der Staat kaum Hilfe anbot, dafür aber immer mehr Einsatz forderte.

Vor diesem Hintergrund wuchsen auch bei den vormals überzeugten Nationalsozialistinnen innere Vorbehalte gegen das Regime. So äußerten sich nicht wenige negativ und einige bedauerten sehr, dass das Attentat am 20. Juli 1944 fehlgeschlagen war.

Sie gehörten damit zu den vielen Wehrkraftzersetzerinnen, die auf Grund des verschärften § 5 der Kriegssonderstrafrechtsver-

27 Seidler 1996: 27.

ordnung zum Tode oder zu einer langjährigen Zuchthausstrafe verurteilt wurden. Jedes Delikt wurde automatisch zu einem Vergehen gegen die „Völkische Gemeinschaft".

Die Mehrzahl der so genannten Wehrmachthelferinnen hatte in den verschiedenen Wehrmachtsteilen, in den Verwaltungen und besonders im Nachrichtenvermittlungsdienst, die Aufgabe, vor allem die Soldaten zu entlasten, ihnen bei ihren täglichen Arbeiten zu helfen und sie sogar zu ersetzen. Sie gehörten als Gefolgschaftsmitglieder der Wehrmacht zum sogenannten Wehrmachtgefolge, und ab 1944 wurden alle Helferinnen zum „Behelfspersonal" der Wehrmacht gezählt.

Den größten Umfang erreichte das Wehrmachthelferinnenkorps zur Jahreswende 1944/45, als der Krieg fast zu Ende war. Während der letzten Monate kamen viele Frauen in sowjetische Gefangenschaft.

Es kann davon ausgegangen werden, dass etwa 25.000 Frauen, die zum Wehrmachtgefolge gehörten, in die Sowjetunion gebracht wurden.

Zu ihrer Schutzlosigkeit vermerkt Seidler:

> „Da die östlichen Gewahrsamsmächte die Angehörigen des weiblichen Gefolges der Wehrmacht nicht zu den Kriegsgefangenen zählten, sondern als Zivilgefangene behandelten, wären sie der Kontrolle des Internationalen Roten Kreuzes auch entglitten, wenn diesem der Besuch der Kriegsgefangenenlager gestattet worden wäre."[28]

28 Seidler 1996: 29.

Wie viele Frauen dort umkamen, wird wohl immer im Dunkeln bleiben. Man schätzt, dass es etwa 20.000 von ihnen waren.

Viele gerieten im Chaos des Rückzugs in Tieffliegerangriffe, Bombardements und Partisanenüberfälle. Die genaue Zahl der Umgekommenen, Vermissten und Gefangenen ist ebenfalls auf keine Weise feststellbar, was wiederum auf das Desinteresse und die Missachtung von Seiten der Behörden und der Forschung zurückzuführen ist.

Das Blitzmädchen – Ursula Rung

Ursula Rung wird 1919 in Mehlauken (Liebenfelde), Kreis Labiau, in Ostpreußen, heute Teil von Russland, geboren. Gemeinsam mit einem jüngeren Bruder wächst sie bei der Mutter auf. Der Vater stirbt, als sie 16 Jahre alt ist. Nach der mittleren Reife besucht sie die höhere Handelsschule. Wie damals üblich, muss sie, da sie auf Wunsch der Mutter einen Büroberuf ergreifen will, ihr Pflichtjahr absolvieren, das sie jedoch nicht hauswirtschaftlich, sondern landwirtschaftlich auf einem Bauernhof macht. Danach folgt noch ein halbes Jahr Arbeitsdienst. Schließlich kann sie als Bankangestellte in der Kreissparkasse ihres Wohnorts beschäftigt werden.

Da sie die Arbeit bald als ziemlich langweilig empfindet, sucht sie immer wieder nach Abwechslungen. So lässt sie sich neben ihrer Arbeit als Rotkreuzhelferin ausbilden. Die Rotkreuztracht, also eine Uniform, hat sie schon immer begeistert. Alle sind gleich gekleidet, die Gemeinschaft und die Kameradschaft gefallen ihr sehr.

Im Herbst 1940 erfährt sie durch einen Bericht in einer Illustrierten, dass die Wehrmacht Frauen als Bürokräfte sucht, die zu Nachrichtenhelferinnen ausgebildet werden sollen. Sie sieht auch Bilder, auf denen junge Frauen in Uniform für diese Tätigkeit als „Blitzmädchen“ bei der deutschen Wehrmacht abgebildet sind, was sie als ungeheuer schick empfindet, und ist begeistert. Vor allem lockt die Gelegenheit, ins Ausland zu kommen. Sie meldet sich 1942 freiwillig.

Doch zunächst muss sie Rotkreuzhelferin sein, denn das ist damals die Bedingung für alle, die Nachrichtenhelferinnen des Heeres werden wollten. Eine Bereitschaftsführerin des Roten Kreuzes hat sie darauf aufmerksam gemacht. Zu jener Zeit arbeitet sie schon drei Jahre bei der Sparkasse.

> „*Und es war natürlich die Schwierigkeit, bei meiner Dienststelle, also auf dieser Sparkasse, da waren die Männer schon eingezogen, waren Soldat geworden. Ich war dort schon drei Jahre und gut eingearbeitet und mein Chef, unser Zweigstellenleiter, der wollte nicht, dass ich kündige oder zur Wehrmacht gehe.*
>
> *Und da hat diese Rotkreuzbereitschaftsführerin, die hat mir dann das leichter gemacht, indem sie mich notdienstverpflichten ließ.*
>
> *Also da konnte meine Dienststelle nichts dagegen ausrichten, es war ja Krieg. Also das war so, da konnte niemand mehr was dagegen machen, ich kriegte den Befehl.*“

Und Ursula kann noch wählen zwischen Telefonistin bei der Wehrmacht, Nachrichtenhelferin, Funkerin oder als Fernschreiberin. Sie meldet sich als Fernschreiberin des Heeres.

> „*Wir hatten graue Uniformen, so wie sie das Rote Kreuz damals trug, nur andere Abzeichen. Ja, die sah gut aus und mit dem Schiffchen! Das waren ja die Blitzmädchen, von denen ich in der Illustrierten so viel schon gelesen hatte!*“

Ursula stellt dar, was für sie wichtig und wesentlich im Krieg war, nämlich das Abenteuer. Auch ist sie besonders an äußerlichen Dingen, wie Kleidung – hier die Uniform – interessiert. Eine Uniform war ein Kostüm aus Rock und Jacke, beides aufeinander abgestimmt, und das war etwas Besonderes. Welches junge Mädchen aus Ursulas Verhältnissen konnte sich damals ein Kostüm leisten?

Der Krieg hat im Frühjahr 1942 Ostpreußen noch nicht erreicht und ist nicht real in ihrer Vorstellungswelt. Sie sucht nach einem Sinn in ihrem bisher langweiligen Leben.

Bereits drei Monate später ist sie ausgebildet und hat ihren ersten Einsatz, allerdings nicht im Ausland. Andere folgen, auch endlich der langersehnte Einsatz im Ausland. Alle enden kläglich mit dem Rückzug der Armee.

Kindheit und Beziehung zu Mutter und Vater

Ursula macht keinerlei Angaben über den Vater, nur, dass er noch vor ihrer Wehrmachtszeit gestorben ist.

Die Mutter wird einmal im Zusammenhang mit ihrer Meldung zur Wehrmacht erwähnt – sie ist absolut dagegen, aber Ursula setzt sich durch, was sie im Alter sehr bedauert.

> *„Mein Vater lebte da ja nicht mehr, mein Bruder war auch schon Soldat. Und meine Mutter war eigentlich recht traurig, aber ich hab' ja keine Rücksicht genommen, das tut mir heute noch so weh. Und als ich damals in Belgrad war, da hat sie abends immer das Lilli-Marleen-Lied gehört, das war diese Erkennungsmelodie vom Soldatensender Belgrad*

und das gab's zum Abschluss abends immer. Da hat meine Mutter sicher geweint und hat gedacht, das Mädchen ist jetzt auch dort. Aber wenn man jung ist … also mich hat das derart gereizt, in die Welt zu kommen.“

Ein anderes Mal erzählt Ursula, wie sie nicht mehr rechtzeitig zur sterbenden Mutter kam und tieftraurig gemeinsam mit dem Bruder – beide in Uniform – hinter dem Sarg herging:

„Und inzwischen ist meine Mutter gestorben, als ich noch in Belgrad war. Ich hab ein Telegramm bekommen, dass meine Mutter im Sterben liegt und da hab ich sofort Urlaub bekommen. Aber die Fahrt von Belgrad nach Ostpreußen war sehr schwierig. Der Fronturlauberzug wurde von Partisanen beschossen, wir mussten in die Maisfelder in Deckung gehen. Das war im Februar 1944. Ja, ich bin auch noch nach Hause gekommen. Unter furchtbaren Umständen, musste in Wien umsteigen, dann bin ich über Prag, Posen und bin schließlich in Ostpreußen, zu Hause, angekommen. Aber meine Mutter habe ich nicht mehr lebend angetroffen.“

Nach dem Tod der Mutter leidet Ursula jedes Mal, wenn sie auf Urlaub nach Mehlauken kommt. Sie kann die Wohnung der Mutter nicht mehr betreten und geht lieber zu einer Freundin der Mutter, die sie etwas betreut, wie sie sagt. Es sei alles so furchtbar trostlos gewesen!

Zentrale Elemente aus der Arbeit

Über den Beginn ihrer Arbeit und ihre erste Reise zur Wehrmacht von Ostpreußen nach Hannover erzählt die alte Frau mit großer Begeisterung und sieht plötzlich ganz jung aus:

> *„Endlich war es soweit – ich konnte mich ins Abenteuer stürzen. Direkt noch in Zivil im Februar 1942."*

Von der bedrohlichen Situation im Krieg hat sie bisher wenig mitbekommen, nur einiges vom vierten Kriegsjahr und vom zweiten Jahr im Krieg mit der Sowjetunion. Sie ist zwanzig Jahre alt, hat ihr Köfferchen gepackt und fährt begeistert nach Hannover. Dort erlebt sie drei Monate lang durch Nachrichtensoldaten die Ausbildung zum Blitzmädchen mit dem Blitz auf dem Ärmel und an der Mütze.

Die Stimmung unter den Mädchen sei gut gewesen, denn alle waren begeistert. Und dann erhielt sie die Uniform, die ihr gut gefiel, weniger die derben braunen Schuhe dazu. Zum Dienst am Fernschreiber allerdings mussten graue Kittel getragen werden. Und als sie dann im Einsatz in Ostpreußen war, erhielt sie eine Kaninchenfelljacke zum warmen Mantel. Die Grundausbildung, d. h. Marschieren und Grüßen lernen, fand in Gießen statt. Dort wartete sie auf ihren Einsatz. Aber wohin, war die große Frage.

> *„Sehr gerne wollte ich nach Paris. Oder auch nach Brüssel, Oslo, Athen, Sofia, wo noch? Wien. Athen hat mich sehr gereizt, der Balkan, ja, Paris oder Athen. Und jetzt hieß es, wir kommen in einen Großeinsatz. Da waren nun auch andere Mädchen, die auf ihren Einsatz warteten. Die vielleicht auch*

aus anderen Einsätzen zurückkamen. Nachrichtenhelferinnen gab es ja schon seit 1940.“

Ursula erhält ihren ersten Einsatz „nur“ in Berlin und ist zutiefst enttäuscht. Schließlich versucht sie, das Beste aus der Situation zu machen. Denn so konnte sie Berlin, die Hauptstadt, kennenlernen. Und wenn sie Freizeit hatten, konnten sie ausgehen, in die Krolloper, den Admiralspalast, hatten auch ermäßigte Karten und haben das ausgenutzt. Das war dann auch ganz interessant für sie und sie hat sich damit abgefunden, „nur“ in Berlin zu sein.

Die Arbeit im Bendlerblock macht ihr sogar Freude:

„Wir hatten unsere festen Plätze da. Mir hat die Fernschreiberei Spaß gemacht, dieses flotte Schreiben. Die Texte habe ich dabei gar nicht richtig mitgekriegt. Meistens ging es um Truppenverschiebungen, Dinge, die die Wehrmacht anbetrafen …“

Ursulas Begeisterung während ihrer Schilderung wechselt plötzlich in Betroffenheit, denn auf dem Weg zur Arbeit begegnet ihr einmal eine Frau mit Judenstern, die sich ängstlich an die Hauswand drückt beim Anblick der Wehrmachtsuniform. Dass jemand vor ihr Angst hatte, verfolgt sie noch heute, sagt sie.

Auch ihre Sehnsucht nach einem Auslandseinsatz ist die ganze Zeit in Berlin latent vorhanden. Da die Erfüllung anscheinend sehr schwierig ist, ersinnt sie eine List und macht sich sogar strafbar durch Wehrkraftzersetzung. Sie stellt sich dienstunfähig und sogar krank und kommt für vier Wochen nach Zakopane in die Hohe Tatra. Das ist Ausland und sie ist zufrieden, denn wer krank gewesen ist, darf sich den nächsten Einsatz aussuchen. Gut erholt und gemästet, wie sie sagt, erhält sie in Berlin endlich den langersehnten Einsatz und wird nach Belgrad beordert.

Ursula scheint in ihrer Begeisterung den Ernst der Lage nicht zu erkennen.

> *„Für mich war der Balkan interessant. Wir bekamen die Reiseroute gesagt und machten uns zu zweit mit unseren Lebensmittelkarten auf den Weg. Das Umsteigen in Wien war auch ein Abenteuer, wir sahen uns die Stadt an und gingen ins Café. Nachts kamen wir in Belgrad an. Das war im September 1943. Wir wurden zu Fuß von einer Kameradin, einer Nachrichtenhelferin, abgeholt. Das war ja für uns ein Abenteuer. Vom Bahnhof aus konnte man diese weiße, terrassenförmige Stadt sehen, die mich gleich sehr beeindruckte.“*

Ihre Einquartierung erfolgt im Gästehaus des Schlosses, das zwar von den deutschen Stukas teilweise zerstört ist, aber dennoch einiges von dem vergangenen Glanz und Pomp noch sehen lässt.

Die Dienststelle ist das ehemalige Postministerium. Und dort befindet sich die Fernschreibstelle. Es geht um Wehrmachtstransporte und Munitionstransporte. Ursula schreibt und vergisst das Geschriebene sofort wieder.

Nach drei Monaten wird sie zur Arbeit im Geheimraum ausersehen. Dort war ein Geheimfernschreiber. Es gab jeden Tag einen anderen Code und nach einer Reaktion der Gegenstelle musste sie den Code neu einstellen und dann konnte sie erst schreiben.

> *„Da waren auch wichtige Dinge, da hieß es etwa, der Tito ist irgendwo gesehen worden in Belgrad! Aber der war doch*

Partisan außerhalb! An anderes kann ich mich im Einzelnen nicht besinnen. Aber sicher waren das wichtigere Informationen als auf den offenen Fernschreibern."

Inhalte hätten sie damals absolut nicht interessiert. Sie habe geschrieben, das war ihre Aufgabe! Sie war damals nicht politisch interessiert als junges Mädchen. Sie hatte andere Dinge im Kopf, ging viel aus und machte auch verschiedene Männerbekanntschaften mit den dort stationierten Soldaten.

Ihre Begeisterung über das wunderbare Jahr in Belgrad bis September 1944 ist deutlich.

Schon am zweiten Tag in Belgrad lernt sie einen jungen Wiener Sozialdemokraten kennen, der von seiner Abneigung gegen die Nationalsozialisten keinen Hehl macht. Aber es sei ansonsten nicht um ernste Gespräche gegangen. Sie hat diesen Aufenthalt genossen, obwohl die Stadt auch bombardiert worden sei, aber Angst habe sie nie gehabt. Selbstschutz, Arglosigkeit, Naivität und Feigheit sind die Vokabeln, zwischen denen Ursula hin- und herpendelt.

„Und ich war ja nun im BDM gewesen, in der Hitlerjugend. Und mein Bekannter wollte mich überzeugen, dass das nun alles grundverkehrt ist, was jetzt passiert. Und ich sagte, man kann sich doch nicht wehren, und er, doch man kann. Ich war da viel zu feige."

Auch der 20. Juli 1944, den Ursulas frühere Kameradinnen im Bendlerblock miterlebt haben, hat sie wenig erschüttert. Sie hatte keine Meinung dazu damals, denn sie sei zu der Zeit gerade verliebt gewesen und das war wichtiger, sagt sie. Ursula betont auch immer wieder die gute Kameradschaft zu den anderen Frauen und Mädchen.

Ihre Begeisterung, Uniform zu tragen, wird schließlich nach und nach gebremst durch die feindliche Haltung der Bevölkerung den Blitzmädchen gegenüber.

Schließlich berühren die Kriegsereignisse auch Ursula direkt.

> *„Ja, wir mussten im September 1944 weg, weil der Russe schon auf Belgrad zukam. Der war 60 km vor Belgrad. Es war auch schon die Brücke über die Save zerstört.“*

Ursula ist enttäuscht und muss in Gießen wieder auf ihren nächsten Einsatz warten. Die Kriegsrealität im Herbst 1944 ist ihr nicht bewusst.

Ihr neuer Befehl im November 1944 lautete, sich bei der Heeresgruppe Mitte, in Ortelsburg, in Südostpreußen zu stellen. Die Rote Armee war im Oktober schon in Ostpreußen eingedrungen und konnte wieder aus Nemmersdorf zurückgeschlagen werden.

> *„Wir hatten jetzt nicht mehr eine Führerin, sondern einen Leutnant, der befehligte, und mussten mit den Soldaten, die Fernschreiber waren, Dienst tun.“*

Sie wohnten außerhalb von Ortelsburg bei Bauern und lebten ganz primitiv.

> *„Das war in Masuren mit Klo auf dem Hof, ach das war ja grausam. Ja, es war lausig kalt in Ostpreußen um diese Zeit, wir hatten noch unsere Uniform, aber wir kriegten dann Unterwäsche, so lange Unterhosen, mit so ’nem Schlitz drin.*

Und Filzstiefel wie die Russen hatten wir. Und Kaninchenfelljacken, die innen so Fell hatten, außen war das Leder. Unsere Vorgesetzten hatten Angst, dass die Russen mit den Tieffliegern kommen.“

Es ist bereits die Zeit des Rückzuges. Die Heeresgruppe Mitte befand sich noch in Ortelsburg. Ursula und ihre Kameraden kommen nach Heiligenbeil am Frischen Haff bis Februar 1945. Silvester hatten sie noch in Ortelsburg verbracht. Dort wurde zum letzten Mal eine Fernverbindung aufgebaut auf einem großen Gutshof, dessen Besitzer schon geflohen war, anscheinend schlagartig, denn halbausgetrunkene Kaffeetassen standen überall herum.

Sie habe immer gezittert, wenn die russischen Bomben fielen, bis sie auch hier wegmussten.

Und Ursula, die Ostpreußin, erzählt plötzlich tieftraurig:

„Da stand ich mit der Kameradin am Frischen Haff und nachher an der Reling, als das Schiff ausfuhr und dachte, jetzt ist es aus, die Heimat ist verloren, ich sehe sie nie mehr. Es war Anfang März 1945, morgens um acht Uhr, das weiß ich noch. Auch dass unsere Soldaten zu uns Wehrmachtsfrauen immer gesagt haben, zieht euch lieber Zivilkleider an. Wenn die Russen euch in Uniform erwischen, dann geht's euch sehr schlecht. Wir haben immer Glück gehabt, die Russen waren zwar nur ca. 5 km von uns entfernt, aber ich hab mir das überhaupt nicht so schlimm vorstellen können mit den Russen.

Und dann sahen wir die Trecks mit Pferd und Wagen über dieses gefrorene Haff Schritt für Schritt gehen und waren den Tieffliegern ausgesetzt und sind mit Pferd und Wagen eingebrochen. Das Eis war schon am Tauen, es war Februar. Ja, meine Freundin aus dem Memelland war auch dabei.“

Ursula und ihre Kameradinnen haben Glück und können von der Hafenstadt Pillau aus mit einem kleinen Lazarettschiff als sogenannte Rotkreuzhelferinnen bis Gotenhafen mitfahren.

Zwei Tage brauchte das Schiff, das völlig überladen mit zweitausend schwer Verwundeten an Bord, die die Mädchen mitversorgen müssen, nur mühsam durch die ins Eis gehauene Fahrrinne vorwärts kam. Dann die Ankunft in Gotenhafen.

Die Wilhelm Gustloff war schon untergegangen und sie wurden mit Geleitschutz durch Torpedoschiffe nach Danzig gebracht und noch einmal organisiert. So 15, 16 Mädchen.

In Danzig hat sie ihren ersten Farbfilm gesehen. Es war der Film „Die Frau meiner Träume“ mit Marika Röck. Trotz Krieg hätten sie noch den Spaß gehabt, den Film anzusehen. Das sei das Jungsein gewesen und der Überlebenswille.

Sie fuhren weiter mit dem Zug an der pommerschen Küste entlang zum letzten Einsatz nach Stettin. Dort wurde die letzte Fernvermittlung aufgebaut. Das war dann April 1945.

Dort schauten sie sich die Stadt an, was Ursula wieder sehr interessant fand und sie haben *„alle in einem Kinosaal geschlafen und ganz primitiv gelebt“*.

Bei der Arbeit am Fernschreiber entdeckt sie durch Zufall den Namen ihres Freundes aus der Belgrader Zeit, des Sozialdemokraten aus Wien. Private Korrespondenz war zwar verboten auf dem Fernschreiber, aber es gelingt ihr noch an einem Urlaubstag, ihn per Fahrrad am Müritzsee, 20 km entfernt, zu treffen.

Ursula berichtet wie gehetzt:

„Die Russen waren nicht weit. Aber das war unser jugendlicher Leichtsinn. Ich musste dann dableiben, weil die Verbindung zu meiner Einheit abgerissen war. Die ist so schnell wegen der Russen aufgelöst worden, dass ich sie nicht wiedergefunden habe. Und da blieb mir nichts anderes übrig, als mit dieser Wiener Kompanie weiterzuziehen mit denen im Autobus, den die hatten, mit einer weißen Fahne dran.

Das war solch ein Chaos. Wir waren praktisch zwischen Russen, Amerikanern und Kanadiern, denen wir entgegengefahren sind, damit wir nicht zu den Russen kommen. Die Wiener hatten noch die Illusion, bis Wien zu kommen. Dann kamen uns die Kanadier entgegen, alle raus aus dem Bus, der beschlagnahmt wurde. Und ab in die Gefangenschaft."

Die Generalstabs-Sekretärin – Maria Gerhardt

Maria Gerhardt wird am 6. Januar 1916 im Ersten Weltkrieg geboren. Sie stammt aus einer alteingesessenen Kunstschreinerfamilie aus Hagen in Westfalen und wächst mit drei Brüdern und einer Schwester auf. Ihre Schulbildung beendet sie zunächst auf dem Oberlyzeum mit dem Einjährigen, das Abitur kann sie, als sie schon bei der Wehrmacht dienstverpflichtet ist, auf der deutschen Schule in Brüssel nebenbei nachmachen.

Zum Dienst als Stabshelferin bei der Wehrmacht kommt sie aufgrund ihrer guten Sprachkenntnisse und wird bereits zu Beginn des Westfeldzugs im Mai 1940 verpflichtet. Genau fünf Jahre, bis Mai 1945, der Kapitulation, ist sie in Belgien und Holland tätig, die meiste Zeit im Stab des Oberbefehlshabers West, und verkehrt in höchsten militärischen Kreisen.

Nach dem Krieg studiert sie Geschichte, Soziologie und Nationalökonomie, wird in Hamburg promoviert und arbeitet jahrelang als Journalistin bei verschiedenen Zeitungen.

Im Laufe der Jahre spielt ihr evangelischer Glaube eine immer größere Rolle in ihrem Leben. Sie nimmt an vielen kirchlichen Veranstaltungen teil und rekrutiert ihren Freundeskreis im kirchlichen Umfeld. Dadurch fängt sie an, sich mehr und mehr mit

Themen des Zweiten Weltkrieges, der deutschen Schuld schlechthin, und ihrer eigenen Vergangenheit zu beschäftigen. Sie ist besessen von der Idee ihres fehlenden widerständigen Verhaltens damals.

Jedoch erst mit achtzig Jahren erlebt sie, wie sie sagt, die Erfüllung ihres Lebens, indem sie anfängt, sich mit Malerei zu beschäftigen. Mit großem Erfolg organisiert sie viele eigene Ausstellungen in Deutschland und Frankreich. Maria stirbt im Jahr 2007 und hinterlässt Hunderte von Zeichnungen und Aquarellen.

Ich habe Maria anlässlich einer Russlandreise Ende der 90er Jahre auf einem Veteranentreffen in Wolgograd (Stalingrad) kennengelernt.

Mitten in einer Diskussion steht sie plötzlich auf, als von Aktionen der Wehrmacht in der Sowjetunion die Rede ist, und sagt zu meinem Erstaunen, sie müsse doch da und dort widersprechen, denn sie sei selbst Angehörige der Wehrmacht gewesen:

> *„Man kann die Wehrmacht nicht pauschal verurteilen. Wir sind nicht allein die Täter gewesen.“*

Wir kommen miteinander ins Gespräch und mich interessiert vor allem, von ihrer Tätigkeit im Krieg und bei der Wehrmacht zu erfahren.

Und sie erzählt ausführlich:

> *„Ich bin am Pfingstmontag 1940 eingezogen worden. Ich bekam Bescheid, aufgrund meiner Fremdsprachenkenntnisse mich zu melden. Man hat damals alle Leute, die man gebrauchen konnte, registriert. Daher wusste man genau, was die Einzelnen können und wie man sie einsetzen kann. Mit*

17 bin ich von der Schule abgegangen, war dann ein Jahr in England, bin dann über zwei Jahre zu Hause gewesen und war in Leipzig auf einer Fremdsprachenschule. Dann nahm ich in Duisburg eine Stelle als Auslandskorrespondentin an. Es war mir recht, dass ich eingezogen wurde. Ich bekam vom Arbeitsamt die Nachricht. Ich war jetzt dienstverpflichtet in die Wehrmacht. Und zwar direkt zur Kommandantur, die für Belgien bestimmt war. Und dazu kam die Abenteuerlust. Ich kam raus, ich kam nach Brüssel. Das war schön für mich.

Ich war 24 damals im Mai 1940. Wir haben uns alle am Bahnhof getroffen und hatten vorher keinerlei Schulung. Ich bin mit dem Zug durch jubelnde Menschen gefahren über Maastricht, wo wir aussteigen und uns die Stadt ansehen konnten.

Wir waren alle Sekretärinnen und Telefonistinnen und nannten uns zunächst nicht Stabshelferinnen. Wir wurden in den schönsten Hotels sehr gut untergebracht und hatten sehr viel Arbeit.

Es ging darum, das Land war besetzt, dass die Leute wieder zurück an ihre Arbeitsplätze gingen. Das war auch meine Arbeit. Bei den Nazis musste alles erfasst werden. Auch zu Hause hatten sie genau registriert, wie viele Autos da waren, wie viele Zimmer jemand in seiner Wohnung hatte etc.

Wir hatten in der Rue Royale große, wunderschöne Büroräume. Die Chefs waren alle Männer, Militär, Verwaltungsoffiziere, Oberkriegsverwaltungsräte.“

Als der Zweite Weltkrieg begann am 3. September 1939, war Maria ohne die anderen Geschwister gerade zu Hause in Hagen. Sie erinnert sich, dass ihrem Vater schlecht wurde, als sie im Radio hörten, „seit einer Stunde wird zurückgeschossen".

Und er ging aus der Küche raus, wo sie mit ihren Eltern saß. Ihre Mutter ging dann auch raus. Und beide kamen mit sehr traurigen Gesichtern zurück. Die Eltern ahnten, was auf sie zukommen würde, denn sie hatten drei Söhne und die Erinnerung an den Weltkrieg. Sie selbst dagegen nahm es die erste Zeit nicht so richtig ernst. Sie lebte so vor sich hin.

Kindheit und Beziehung zu Vater und Mutter

Für Maria sind Kindheit und Jugend nur im Hinblick auf ihre Aktivitäten erzählenswert. Die Mutter spielt eine eher passive Rolle, der Vater ist ihr wichtiger, der viele Kontakte hatte. Sie betont das gute und freundliche Familienleben zu Hause. Sie war in der wirklich unpolitischen evangelischen Jugend tätig, nie im BDM, und habe an Wettkämpfen des Turnvereins teilgenommen. Bis 1934. Da brauchte man nicht in den BDM. Und ab 18 kam die Frauenschaft, die aber kein Zwang war. Plötzlich durften sie keine Wanderungen mehr machen oder Rotkreuzkurse. Das war nur noch der Hitlerjugend erlaubt. Sie sei wütend darüber gewesen, hätte aber nichts dagegen getan. Aber was hätte sie denn auch tun können in der Diktatur?

Die Beziehung zu der Schwester und den drei Brüdern, einer ist Zwillingsbruder, scheint normal und unauffällig gewesen zu sein. In Marias Erzählung spielen sie keine besondere Rolle. Nur so, dass bei Kriegsausbruch der Gedanke an die drei Brüder, die ja Soldaten werden mussten und vielleicht nicht wiederkämen, zu Hause die Stimmung sehr getrübt hat.

Marias Arbeit im Krieg

Über ihre Tätigkeit als Stabshelferin im Krieg spricht sie begeistert und mit Stolz. Sie hatte mit Offizieren direkt zu tun in der Oberfeldkommandantur und wurde als einzige der Frauen aufgrund ihrer Fähigkeiten ausgeliehen an die Außenstelle nach Antwerpen. Es ging dabei um die wirtschaftliche Verwaltung der Stadt. Das war eine interessante Arbeit. Es ging dort auch um Diamanten. Der Rohdiamant wurde gebraucht für die Rüstungsindustrie. Sie hatte unter ihrer Obhut einen ganzen Panzerschrank voll Rohdiamanten.

Es ging aber auch um Geiselerschießungen, deren Dokumentation sie verwaltete. Den Anlass hätten Partisanen oder Männer aus dem Untergrund gegeben, die aus Hass Deutsche erschossen hatten. Für jeden Deutschen, der erschossen wurde, habe man vier Belgier als Geiseln genommen. Maria hatte alle Papiere zu diesem Sachverhalt, Personalpapiere etc. unter ihrer Obhut. Das nannte sich erst geheime Sache (verwaltungstechnische Geheimnisse) und dann Geheime Kommandosache. Maria wirkt bei diesem Thema seltsam unbeteiligt.

Sie gibt zu, dass sie Papiere hätte verschwinden lassen können, um die eine oder andere Geiselnahme unter belgischen Zivilisten zu verhindern, aber sie wollte ihre Arbeit gut und gehorsam erledigen.

Sie habe auch gedolmetscht. In Brüssel bei lächerlichen Diebstählen, wie sie selbst zugibt. Da wurde dann auch geschlagen.

Das habe sie mehrfach miterlebt, aber sich schließlich geweigert, das mitzumachen. Daraufhin wurde sie versetzt, ohne dass ihr etwas passierte. Im Gegenteil. Sie habe eine bessere Stelle bekommen. Und man habe sie dringend gebeten, nichts nach oben zu melden. Das habe sie auch nicht getan.

Sie habe auch erfahren, was in den Kellern der Sicherheitsdienste so ablief und die Schreie in der Nacht gehört bei Folterungen.

Ihre Wehrmachtszeit in Belgien und dann in Holland beim Generalstab dauerte insgesamt fünf Jahre und nebenbei legte sie in Brüssel ihr Abitur ab.

> *„Ich habe ein vollgültiges Abitur in 7 Fächern auf diese Art und Weise gemacht. In den Sprachen Englisch und Französisch musste ich nicht viel tun und auch Deutsch lief gut. Andere haben etwas anderes gemacht oder haben sich sehr mit den Offizieren eingelassen."*

Maria betont häufig ihre privilegierte Stellung durch ihren Fleiß bei der Arbeit als Stabshelferin, sowohl in Belgien und dann in Holland im Generalstab. Sie hat sich auch sehr elitär verhalten im Umgang mit Männern. Für sie selbst schien das Beste gerade gut genug.

> *„Es war trotz Krieg sehr nett. Wir saßen abends im Casino, haben Karten gespielt, uns unterhalten, ein Glas Wein getrunken. Wir haben auch viel getanzt. Ich habe in den Jahren in Belgien und Holland mehr getanzt als in meinem ganzen Leben, den mehr als 50 Jahren später."*

Da sie über eigene Beziehungen zu Männern nicht oder nur versteckt spricht, ist anzunehmen, dass sie im Generalstab, wo sie dienstlich und privat mit hohen Offizieren zusammen war, auch eine Beziehung unterhielt.

> *„Ja, da waren tolle Männer um mich herum. Wir hatten viel Spaß. Ich habe sie immer gerudert, wenn sie zum Fischen wollten.“*

Als sie sich in Belgien weigert, bei Verhören zu dolmetschen, wird das akzeptiert. Das hängt vermutlich mit ihren Kontakten zu den höchsten Offizieren zusammen.

Zentrale Elemente ihrer Identität

Maria fühlt sich anerkannt als Frau und aufgewertet als Mensch durch ihre hohe Position, was ihr ein großes Selbstbewusstsein verleiht.

Sie unterhält wohl auch Kontakte zu Kameradinnen, die aber nicht besonders erwähnt werden. Sie hat von Anfang an bei der Wehrmacht eine Sonderstellung:

> *„Im Gegensatz zu den anderen Mädchen durfte ich immer ins Casino … und bekam das gute Essen mit.“*

Stellung zur politischen Ideologie

Zu den Ereignissen am 9. November 1938, als die Synagogen brannten, äußert sich Maria mit Entsetzen:

> *„Da war ich in Duisburg und habe diesen Tag sehr bewusst erlebt. Dieses Bild habe ich noch genau vor Augen. Es war furchtbar. Ich fuhr am späten Nachmittag mit dem Rad mitten durch die Stadt und kam von der Arbeit. Da sah ich Hitlerjugend mir entgegenkommen, die schrie: ‚Die Synagoge brennt, die große Synagoge brennt.'*
>
> *Nun, ich dachte erst, es kann ja etwas brennen, das passiert immer mal.*
>
> *Zunächst dachte ich an nichts Böses. Dann aber hörte ich Scheiben klirren, es wurden Sachen aus den Fenstern geschmissen, es gab viel Geschrei aus den Wohnungen, in denen jüdische Bürger wohnten. Ich fuhr voller Angst nach Hause, in die Wohnung meines Bruders, bei dem ich wohnte. Dann am folgenden Wochenende nach Hause zu meinen Eltern nach Hagen und konnte dort endlich meinem Entsetzen Ausdruck verleihen.*
>
> *Unser Haus war voll von empörten Menschen. Es war ein Treffpunkt für arme Menschen. Mein Vater war in der städtischen Armenpflege tätig. Die jüdischen Bürger haben immer die Geschenke für arme Menschen an Weihnachten zu uns ins Haus gebracht. Mein Vater hatte als Kunstschreiner viele Kontakte."*

Maria spricht mit diesen Worten zwar ihre Empörung, aber auch ihre Ohnmacht, Unsicherheit und Hilflosigkeit aus, die sie damals bewegt haben. Aber gleichzeitig ist auch ihre Rechtfertigung für ein damaliges Nichtwissen und tatenloses Verhalten zu erkennen.

Dann lenkt sie von den jüdischen Menschen ab und kommt abrupt auf das Thema Euthanasie zu sprechen, das in der Bevölkerung durchaus bekannt war:

> *„Bei uns in der Nähe wohnte ein behinderter Mensch, der immer, wenn er bei uns vorbeikam, von meinem Vater eine Zigarre bekam. Der war dann plötzlich nicht mehr da. Wir wussten Bescheid, denn wir waren Mitglieder der Bekennenden Kirche."*

Besuche bei jüdischen Bekannten seien auch schon vor 1938 riskant gewesen, erwähnt sie beiläufig.

Kriegsende und Ende der Tätigkeit

> *„Im Sommer 1944, als der Zusammenbruch im Westen war, bin ich dann mit Offizieren in Privatautos von Belgien nach Hause erstmal. Wegen der Geheimunterlagen, die ich verwaltete, musste ich bis ganz zum Schluss warten. Und konnte nicht mit dem Treck. Die Offiziere ließen mich dann in der Nähe von Hagen heraus. Und ich war dann vom Sommer 1944 bis zum Winter zu Hause."*

Ihre Wiedereinziehung zur Wehrmacht geschah erst im Winter nach Meldung in der Kaserne in Gießen, wo sie auch Weihnachten und den Heiligen Abend verbringen musste. *„Es war ganz schrecklich, denn die haben furchtbar gesoffen."*

Und dann erfolgt ihr Einsatz in Holland als Stabshelferin wieder, aber jetzt in Uniform. Sie kommt zum höchsten Befehlshaber, General Blaskowitz, und zu seinem Chef des Stabes, General Hofmann, und musste als einzige Frau dort für beide Herren schreiben. Die Unterbringung beschreibt Maria als sehr luxuriös, denn der Stab war in vier oder fünf Villen untergebracht, irgendwo auf dem Land, wo sie jedoch eines Tages bei einem Tieffliegerangriff bombardiert wurden.

Sie weiß bis heute nicht, wo das genau war. Aber wohl ziemlich weit im Westen, vermutet sie. Und auch General Hofmann, Chef des Stabes der Heeresgruppe H, und General Blaskowitz wohnten dort. Sogar Generalfeldmarschall Busch sei öfter dagewesen. Den habe sie im Boot sogar noch gerudert, damit er fischen konnte. Sichtlich stolz berichtet Maria von dieser Zeit.

Anfang Mai 1945 mussten sie dann aus Holland weg. General Blaskowitz behielt die Festung Holland, wie sich das nannte. Sie selbst fuhr im Auto von General Hofmann.

Bei Soltau, in der Nähe von Hannover, sahen sie Kinder mit weißen Fahnen. Und als General Hofmann ausstieg und sie zur Rede stellte, erfuhren sie, dass Deutschland kapituliert hatte.

Dann wurden sie alle, die leitenden Personen der Heeresgruppe H, von den Engländern nach Norden gebracht. Maria sieht sich noch auf einem englischen Jeep sitzen Richtung schleswig-holsteinische Seenplatte in die Gefangenschaft. Allerdings nicht ins Gefängnis, sondern auf Bauernhöfe. Die Offiziere mussten sich nun ja verantworten.

Dönitz sei etwas weiter weg gewesen, wo die eigentliche Kapitulation stattfand.

Alle mussten zunächst warten, das waren mehrere Wochen, und hatten eine gute Versorgung. Es war Sommer, man hatte viel

Zeit. Maria kutschierte ihre Chefs durch die Gegend oder ruderte sie auf dem See. Mehr will sie dazu nicht sagen und auch keine Details preisgeben, nur dass sie sich aus Vorhängen Zivilkleidung geschneidert hat.

Um entlassen zu werden, habe sie die Adresse eines Bekannten in Hamburg angegeben. Und als sie ihre Entlassungspapiere aus Lübeck abholte, war sie wieder Zivilistin. Wie nebenbei sagt sie:

> *„Ich hatte in Norddeutschland auch erfahren, dass mein Vater gestorben und meine Mutter ausgebombt war."*

Maria scheint das Kriegsende sehr entspannt erlebt zu haben. Die Realität, von der Millionen betroffen sind, holt sie hier spätestens ein: Der Tod des Vaters und die Ausbombung der Mutter sind die einzigen Wermutstropfen in ihrem Kriegsleben. Und sie reagiert wenig emotional auf diese Ereignisse.

Einschätzung der damaligen Situation

> *„Deshalb sage ich immer, ich habe damals nicht genügend darüber nachgedacht und habe mir vorgenommen, ich werde jetzt mehr nachdenken. Ich werde mich informieren über diese Zeit und die Ereignisse."*

Dann folgen wieder Entschuldigung und Rechtfertigung:

> *„Damals waren die Nachrichten nicht so flüssig und so breit gestreut wie heute. Man konnte doch nicht so viel erfahren.*

> *Es gab ja nur das Radio. Und ich weiß nicht mehr, wodurch wir auch manches erfahren haben.“*

Maria scheint naiv den Geist der Zeit damals (die Diktatur im Krieg) und heute (die Demokratie im Frieden) zu vermischen:

> *„Aber ich wundere mich heute, warum man nicht einmal gesagt hat, ‚ich hau ab aus der Wehrmacht.‘*
>
> *Ja. Natürlich, ich wäre ja ins Gefängnis gekommen*“, fällt ihr dann noch ein.

Als Geheimnisträgerin wäre die Deserteurin Maria sicherlich erschossen worden. Hat sie irgendwo und irgendwann in dieser Zeit gesehen oder gehört, dass man auch Nein sagen kann?

Diesen Gedanken schiebt sie weit von sich, aber sie sagt zögernd:

> *„Ich meine, im Stillen war man doch immer wieder erschrocken. Ich weiß noch, als es hieß, dass die Offiziere jetzt auch mit dem Hitlergruß grüßen müssen. Ich sehe sie vor mir. Man war empört. Jeder war entsetzt. Die Wehrmacht wollte das nicht. Das Schlimmste für mich war, dass man dann, als die großen Bombenangriffe in Deutschland begannen, so aus dem Fenster schaute und dachte, wer mag heute wieder dran sein?“*

Maria antwortet wieder nicht direkt, verwechselt Empörung mit Widerstand und verstrickt sich in Ausreden. Vor Aufregung kann sie kaum sprechen:

„Ich sage heute, dass ich das alles heute so nicht mehr machen würde. Das ist doch schon mal wichtig. Ich würde mich wenigstens erkundigen vorher, was da auf mich zukommt. Aber die Arbeit war interessant. Hinzu kommt, dass ich dafür vorgesehen war, aber dazu kam es ja nicht, nach England mit rüber zu gehen. Da wurden schon diese Schiffe gebaut zur Landung in England, damit man die Autos leichter transportieren kann. Das war im Gespräch. Da war ich mit ausgesucht."

Beinahe enttäuscht ist sie darüber, dass die Landung der Wehrmacht in England nicht mehr stattgefunden hat.

Hat sie in Belgien Kontakt zu Fremdarbeitern gehabt, die nach Deutschland zur Arbeit fuhren?

„So wie ich es erlebt habe, die freuten sich, dass sie Arbeit in Deutschland kriegten. Ich hatte ihre Papiere zu bearbeiten. Das waren freiwillige Arbeiter. Sie haben gejubelt und gesungen. Ich seh' sie noch da stehen mit ihren Papieren. Die fuhren dann weg."

Maria hat den Krieg nur aus der Ferne erlebt, also nicht wirklich. Und die Zeit bei der Wehrmacht war für sie eine sehr schöne Zeit.

Sehr energisch und zurechtweisend, aber auch jetzt nicht bezogen auf das eigentliche Geschehen, sondern auf das private, sagt Maria darauf:

„Schön kann man doch nicht sagen, aber interessant. Außerdem: Der Krieg hat uns ja irgendwie emanzipiert. Schön

kann es doch nicht gewesen sein, wenn man weit von zu Hause ist und sich um seine alten Eltern sorgt.“

Und beinahe in einem Atemzug erzählt sie weiter:

„Wir sind an den Wochenenden durch ganz Frankreich, durch ganz Belgien gefahren, ich habe Paris kennengelernt.“

Hat Maria irgendetwas Negatives vom Krieg damals miterlebt?

Also mit den Geiselerschießungen habe sie heute schon zu kämpfen. Damals habe sie gedacht, dass das notwendig sei und die gerechte Strafe.

Maria wirkt unsicher und sehr zwiegespalten. Ihre Stimme ist nun ganz leise. Dann spricht sie plötzlich über die Verhöre!

„Die haben mit dem Knüppel darauf losgeschlagen, auch auf alte Leute. Die hatten irgendeinen Diebstahl begangen, zwei Kartoffeln gestohlen. Die wollten jetzt einfach mal ihre Macht zeigen, die Feldgendarmerie, diese Kettenhunde.“

Auch hier klingt Maria fassungslos und entsetzt.

„Sie wurden zum Tode verurteilt. Ich habe Wunder was gemeint, was ich da für einen Verbrecher sehen würde im Gefängnis. Und da saß dann nur so ein alter Mann.“

Und dann erzählt Maria eine merkwürdige Geschichte, die auch dabei ihre vordergründige, naive Einseitigkeit zum Ausdruck bringt:

„Aber eins will ich noch sagen, denn ich habe doch nicht alles brav mitgemacht, sondern auch Widerstand geleistet:

Damals wurden öfter zu uns ins Offizierscasino verwundete Soldaten eingeladen. Sie kamen in Rollstühlen an, ohne Arme, ohne Beine. Es war nun bestimmt worden, dass die Frauen, die Stabshelferinnen, Telefonistinnen oder Sekretärinnen, sie unterhalten, mit ihnen Kaffee trinken sollten.

Einmal hieß es, morgen kommen wieder verwundete Offiziere, es sollten bitte möglichst alle Frauen kommen.

Das habe ich aber schriftlich abgelehnt. Ich ließ mich nicht zwingen, mit diesen Herren Konversation zu machen. Das war nicht mein Auftrag. Ich war dienstverpflichtet für andere Tätigkeiten. Das hat vielleicht Furore gemacht! Ich bekam beinahe Schwierigkeiten. Aber ich habe mir das nicht gefallen lassen. Mir als Frau konnte man das nicht sagen. Nein, das geht nicht! So ein Befehl geht nicht!"

Maria unterschätzt hier die Diktatur und den Krieg, von dem sie jahrelang verschont geblieben ist, und bleibt stur. Auch ihr christliches Denken habe damit nichts zu tun. Das sehe sie heute noch genauso.

Die anderen Frauen hätten das nicht gewagt und hätten sie überreden wollen, mitzukommen aus Angst vor Schwierigkeiten. Sie aber sei empört gewesen und schließlich war sie keine Krankenschwester.

Maria hat sich überhaupt nicht mit dem Thema Widerstand im Nationalsozialismus beschäftigt und wiederholt ständig leere Phrasen. In einer Diktatur müsse man in einer Gruppe sein, um vielleicht etwas zu bewirken.

Sie selbst war beinahe im goldenen Käfig während dieser Zeit und kann ihre Situation von damals nicht realistisch sehen. Sie spricht zwar immer wieder von einer gewissen Schuld, aber offenbar nur, weil es ihr opportun erscheint.

Für ihr Frauenleben war dieser Krieg ein sauberer Krieg. Sie hatte keine Berührung mit Tod, Verbrechen, Mord, hatte keine Bombardements miterlebt. Einmal einen kurzen Schrecken, zusammen mit den Generälen in Holland, war alles.

Maria spricht jetzt, wie um sich zu verteidigen, schüchtern und kleinlaut.

> *„Aber die Geiselerschießungen habe ich nicht so leicht verkraftet. Und das Kriegsgeschehen habe ich von Holland aus mitverfolgt.*
>
> *Der Stab der Heeresgruppe G war ständig mit Berlin verbunden. Ich musste die Verbindung mit General Jodl in der Wolfschanze herstellen. Es ging in den Gesprächen oft um diese V-Waffen, mit denen bei uns in der Nähe geschossen wurde. Aber die meisten gingen in die eigenen Reihen. Man horchte immer, ob es klappte. Und dann kam so ein komisches klapperndes Geräusch. Man hörte die Fensterscheiben klirren und das war's. Die funktionierten nie richtig. Das war technisch überhaupt nicht ausgereift."*

Maria war damals eine naive, harmlose, unpolitische junge Frau, die treu und brav ihre Arbeit an der Westfront verrichtete. Der Vernichtungskrieg im Osten hat sie wenig interessiert, obwohl zwei ihrer Brüder, die sie oft mit Schokolade versorgte, im Ostkrieg waren.

„Ja, man wusste nicht viel damals in der Wehrmacht, was im Osten passiert. Aber uns war schon klar, dass es im Westen alles viel angenehmer ist."

Vom Attentat am 20. Juli 1944 hat sie nichts mitbekommen, obwohl sie öfter die Verbindung zur Wolfschanze hatte. Aber sie kann sich nicht erinnern.

Hatte sie irgendwelche Erlebnisse mit jüdischen Menschen oder Vorkommnisse miterlebt?

„Wir haben in Antwerpen mit jüdischen Diamantenhändlern Geschäfte gemacht. Die Besitzer der Diamantenkontore waren alle Juden. Die Rüstungsindustrie brauchte schließlich Diamanten. Und das Devisenschutzkommando forderte die belgischen Juden auf, ihre Diamanten, die sie ins unbesetzte Frankreich geschafft hatten, zu holen und der deutschen Rüstungsindustrie zu verkaufen. Die kamen dann zu meinem Chef. Und es gab Verhandlungen da und dort. Manche schluckten auch die Diamanten, um sie zu verstecken. Die Wehrmacht konnte nur bedingt zugreifen. Viele kamen ungeschoren davon."

Hier wirkt Maria ehrlich. Mehr „Vorkommnisse" hat sie offenbar nicht erlebt. Dennoch erscheint alles, was sie sagt, irgendwie arrogant. Als könne und wolle sie sich nicht erinnern. Ihre interessanteste Lebenszeit war für sie bei der Deutschen Wehrmacht im Krieg.

Am Ende des Gesprächs sagt sie noch einmal seufzend:

„Ich als Deutsche fühle mich jetzt schuldig."

Bei aller Oberflächlichkeit der Darstellung ihrer Lebensphase mitten im Hitlerkrieg: Wenn Maria Gerhardt von der eigenen Schuld spricht, scheint sie wenigstens da einigermaßen glaubhaft und echt.

FRAUEN IN DER SOWJETUNION

Die Rolle der Frau in der Sowjetunion war vor allem durch ihre Funktion im Wirtschaftsprozess bestimmt. Die traditionelle Vorrangstellung des Mannes in der Gesellschaft wurde von seiner wirtschaftlichen Überlegenheit her definiert.

Nach der Oktoberrevolution 1917 erfolgte die rechtliche Gleichstellung von Mann und Frau. Stalin sah in den Frauen in erster Linie „emanzipierte" Arbeiterinnen, auf deren Kräftepotential der Staat Anspruch hatte. Die sozialistische Propaganda legte Wert auf die Hervorhebung weiblicher Spitzenleistungen.

In der Wehrerziehung wurde kaum nach Geschlechtern differenziert. Und im Krieg schon gar nicht, weil man davon ausging, dass Männer und Frauen den gleichen Pflichten unterworfen sind bei der Verteidigung des sozialistischen Vaterlandes.

Die Frauen hatten auch formal die gleichen Rechte, denn die Sowjetunion erhielt im Jahr 1918 die erste Verfassung, in der Frauen und Männer, wie oben bereits erwähnt, vor dem Gesetz gleich waren. In der Partisanenbewegung, wo zahlreiche Frauen dienten, wurde einigen, ebenfalls wie den männlichen „Helden", der Titel „**Heldin der Sowjetunion**"[29] verliehen.

Das Bild, das nach dem Ersten Weltkrieg von Deutschland und den Deutschen in der sowjetischen Bevölkerung kursierte, war durchaus positiv. Es reichte von Bewunderung für die wirtschaftlichen und technischen Errungenschaften bis hin zur Hochachtung für die Werke der deutschen Dichter und Denker.

Der deutsche Überfall und der jahrelange Vernichtungskrieg der Wehrmacht riefen deshalb besonders bei den Frauen Unverständnis und Entsetzen hervor, was aus den Gesprächen mit Lidia Saslavskaja, die, beinahe noch als Kind, den Krieg an der

29 Höchste militärische Auszeichnung und höchster Ehrentitel seit 1934.

sowjetischen Heimatfront in unvorstellbar grausamer Weise und als Zwangsarbeiterin in der Schlacht um Berlin erleben musste.

Und auch bei Nina Alexandreevna Lobkovskaja, die, kaum älter als Lidia, als achtzehnjährige Scharfschützin aktiv am Krieg beteiligt war. Ihre Aussagen im Hinblick auf den Überfall der Wehrmacht auf die Sowjetunion spiegeln vor allem die ohnmächtige Angst und die totale Überanstrengung durch den ständigen Einsatz der Frauen in der Roten Armee an verschiedenen Kriegsschauplätzen wider. Sie befanden sich oft selbst in schwierigen und bedrohlichen Situationen, aus denen es kein Entkommen gab. Und bis heute, nach mehr als einem halben Jahrhundert, ist alles im Traum noch präsent.

Aber die Soldaten der Wehrmacht wurden nicht nur als Feinde, sondern auch als Menschen gesehen, mit denen man Mitleid hatte.

Die russischen Gesprächspartnerinnen sind Zeitzeuginnen des Vernichtungskrieges, des heimtückischen und hinterhältigen Überfalls der Wehrmacht auf die Sowjetunion am 22. Juni 1941. Die im Krieg gemachten Erfahrungen und Erlebnisse haben ihr Leben geprägt.

Allen ist der Stolz anzumerken, dabei gewesen zu sein. Und sie sind sich noch immer ihrer wichtigen Funktion bewusst, das Vaterland vom faschistischen Aggressor befreit zu haben, den Krieg „getötet“ zu haben, die „sowjetische Erde wieder gesäubert“ zu haben. Sie geben zu, für Stalin Bewunderung empfunden und sich auch für ihn in schwierige Situationen begeben zu haben.[30]

30 Hellbeck 1994: 149.

Viele Frauen wurden im Krieg schwer verwundet und versuchten dennoch etwas Vernünftiges aus ihrem Leben als Kriegsinvalidinnen zu machen.

Die Gefühle der sowjetischen Frauen bestanden aus Hass und dann schließlich aus Mitleid, obgleich sie Schreckliches mitansehen mussten. Manche von ihnen hatte als Kind zum Beispiel die Schlacht von Stalingrad erlebt und schilderte ihre damalige Wahrnehmungen.

Stalins repressive Herrschaft scheint in der Sowjetunion kaum auf Widerstand gestoßen zu sein. Die Nutznießer des Systems waren in der Minderzahl; dennoch genoss es breiten Rückhalt in der Bevölkerung. Die Forschung scheint dafür bis heute keine überzeugende Antwort gefunden zu haben.

Alle Frauen registrierten, dass die Soldaten der deutschen 6. Armee hungerten und froren. Aber auch Stolz und Siegeszuversicht der sowjetischen Frauen sind am Beispiel der Scharfschützin Nina Alexandrejevna Lobkovskaja, einer „Heldin der Sowjetunion", sichtbar.

„Der ‚Große Vaterländische Krieg' war in der offiziellen Lesart eine Art uneinnehmbare Festung und Quelle für Selbstbewusstsein, Stolz und Größe der Sowjetunion, des Sozialismus, der Partei, des Sowjetpatriotismus und nicht zu vergessen auch der Bevölkerung."[31]

Es bleibt festzuhalten, dass der Sieg im Zweiten Weltkrieg nicht nur zur Zerschlagung des nationalsozialistischen Deutschlands führte, sondern auch gleichzeitig das totalitäre Regime in der Sowjetunion festigte. So bilanziert der Osteuropa-Historiker Jochen Hellbeck:

31 Hoffmann 2000: 131.

„Zwar fand die stalinistische Klassenpolitik mit dem Zweiten Weltkrieg ein Ende, und inzwischen ist auch der sowjetische Staat zerbrochen, doch lebt dieser Staat im subjektiven Bewusstsein der Menschen noch heute fort. Die weitverbreitete Selbstwahrnehmung der Menschen in Russland als ‚Opfer' der politischen Entwicklung, ihre Unfähigkeit, den wirtschaftlichen und politischen Umbruch als eine Chance zur Selbstverwirklichung zu begreifen, und schließlich die sich mehrenden Forderungen nach einer Wiederkehr des starken Staates – sie sind Ausdruck individueller Selbstdefinition durch den Staat und fortwirkender gesellschaftlicher Entmündigung."[32]

Russische Frauen und ihr „Großer Vaterländischer Krieg"

Als die Deutsche Wehrmacht ohne Kriegserklärung am frühen Morgen des 22. Juni 1941 in die Sowjetunion einfiel, konnten sich viele sowjetische Frauen zu diesem Zeitpunkt noch nicht vorstellen, wie sie diesen Krieg überhaupt jemals aushalten und überstehen sollten. Und dass sich viele von ihnen freiwillig an die Front melden würden! Aber genau dazu kam es: „Die Frauen und Mädchen drängten sich danach, das Vaterland wie ihre männlichen Kameraden mit der Waffe in der Hand zu verteidigen."[33]

Dort haben sie, als der Krieg immer brutaler geführt wurde und sich in die Länge zog, mit viel Engagement sowohl als aktive

32 Hellbeck 1994: 163.

33 Seidler 1978: 210.

Kämpferinnen als auch als Mitarbeiterinnen im Sanitätsdienst ins Geschehen des Großen Vaterländischen Krieges eingegriffen.

In einer historischen Studie ist über sie zu lesen: „Ihre Taten werden als Vorbild nationalen Patriotismus, weiblicher Leistungsfähigkeit und emanzipatorischer Selbständigkeit in allen sozialistischen Ländern verherrlicht." Das schrieb der Historiker Seidler 1978, zu Zeiten, als der Ostblock noch Realität war.[34] Dennoch scheinen sie in der offiziellen russischen Erinnerungskultur ein Störfaktor und vergessen zu sein. Die wichtige historische Realität hebt Olga Nikonova hervor:

> „Die mit Abstand meisten Frauen waren in der Sowjetunion am Krieg beteiligt. Sie leisteten Hilfsarbeit in den offiziellen Truppen, kämpften in den Partisanenverbänden und wurden schließlich an vorderster Front mit den Männern eingesetzt. Die Rote Armee war die erste europäische Armee des 20. Jahrhunderts, die über gesonderte reguläre Frauenkampfverbände verfügte."[35]

Die kämpfenden sowjetischen Frauen sprechen nicht davon, dass sie zur Waffe griffen, weil sie unbedingt töten wollten, sondern weil sie ihre zerstörten Städte und niedergebrannten Dörfer gesehen hatten, „die verwaisten Kinder, die alten Leute, die ermordeten Frauen …"[36]

Die weißrussische Schriftstellerin Swetlana Alexijewitsch spricht deshalb von der eigenen Verpflichtung der Frauen, Solda-

34 Vgl. 1978: 203.

35 Nikonova 2005: 186.

36 Karpov 1993: 188.

tinnen zu werden … und zu töten. Wie sie das Land (gemeinsam mit den Männern) verteidigten und ihre Kinder durchbrachten, das sei eine Heldentat gewesen.[37]

In der Deutschen Wehrmacht wurden solche sowjetischen Frauen verächtlich „Flintenweiber" genannt und besonders gejagt. Bei Gefangennahme konnten sie nicht auf Gnade hoffen.

Es war dort weit verbreitet, weibliche Kriegsgefangene der Roten Armee an Ort und Stelle sofort zu erschießen. Ihr militärischer Status wurde dabei oft missachtet.

Auf einen Nenner bringt es der Historiker Seidler: „Frauen im Krieg, das sind die Frauen an der Front. Sie sind Soldatinnen, die Kampfaufgaben wahrnehmen, d. h. Bombenflugzeuge und Jets steuern, Panzer fahren und an Bord von Zerstörern und U-Booten dienen."[38]

Etwa eine Million sowjetischer Frauen kämpfte von 1941 bis 1945 mutig und entschlossen, ebenso wie die Männer, mit der Waffe, in höchster Verantwortung an vorderster Front: als Pilotinnen, Panzerfahrerinnen und Scharfschützinnen.[39] Das war zu jener Zeit noch singulär. Sie genossen den gleichen militärischen Status wie die Männer. Das galt ebenso für die Mehrzahl der sowjetischen Frauen, die als Sanitäterinnen und Pflegekräfte ausgebildet waren.

Diese Frauen befanden sich oft an vorderster Front, hatten sehr schlechte Bedingungen und mussten mit ihren männlichen

37 Alexijewitsch 1989: 7.

38 Seidler 1996: 8.

39 Weibliche Scharfschützen der Roten Armee sollen zwischen 1941 und 1944 mehr als 11.800 feindliche Soldaten getötet haben. S. auch: Lippert/Rössler 1980: 113.

Kollegen Entbehrungen, Schlafmangel, schlechte Witterung, Dreck, Ungeziefer, Angst, Not und Elend aushalten.

Die Gleichberechtigung innerhalb der eigenen Armee trug für die Frauen, die keinen Offiziersrang hatten, zweifelhafte Züge. Es gab für sie keine eigenen Uniformen. Deshalb steckte man sie in fast immer zu große und unpassende Männeruniformen. Sie wurden teilweise sowohl in gemischtgeschlechtlichen, als auch in reinen Fraueneinheiten an der Front eingesetzt. Die Soldaten betrachteten diese meist blutjungen Mädchen anfangs mit Misstrauen. Sexuelle Übergriffe waren an der Tagesordnung. Auch war die gynäkologische Versorgung mangelhaft. Viele Soldatinnen erlitten während ihrer Militärzeit schwere Traumata. Das Schweigen darüber verhinderte später eine Bewältigung.

Die offiziellen sowjetischen Opferstatistiken führen Frauen nicht gesondert auf. Es existieren keine Angaben über die Anzahl der verletzten und getöteten Soldatinnen. Auch über den Anteil der Frauen in den Partisanenverbänden, der fast zehn Prozent der Kämpfenden ausmachte, wird geschwiegen.

„Am ehesten wissen wir etwas über ihre Leistungen, soweit sie mit Orden und Medaillen zu messen waren“, ist im Katalog[40] zur ersten großen Ausstellung in Berlin zum Thema „Russische Frauen im Krieg“ zu lesen.

Das wissenschaftliche Interesse an diesem Frauenthema und an Genderfragen wächst zwar in Russland, aber dennoch ist eine Geschichte der Frauen im „Großen Vaterländischen Krieg“ noch nicht geschrieben worden. Das zögerliche Verhalten der russischen Archivpolitik, Dokumente aus Geheimarchiven freizugeben, hängt sicher damit zusammen. Forscherinnen müssen auf

40 Katalog 2003: 7.

Oral-History-Untersuchungen zurückgreifen, eine Quelle, die fast völlig aus biologischen Gründen versiegt zu sein scheint.

Seit der Stalinzeit haben Historiker und Sozialwissenschaftler eine Unvereinbarkeit zwischen Frauen und Krieg festgestellt und auf einer traditionellen geschlechtsspezifischen Haltung insistiert. Ihre Sicht auf das Geschlechterverhältnis gründete auf der Tatsache, dass Frauen Mütter waren und wegen ihrer Psyche und Physis ungeeignet für den Krieg.

Seit einigen Jahren gibt es Forschungen, die diese Sicht durchbrechen und die Beteiligung von sowjetischen Frauen am Krieg auf der Ebene einer neuen sowjetischen Identität untersuchen. Sie sehen in der Kampfteilnahme „das zentrale Moment für die Entstehung dieser Identität und die Überwindung nicht nur der traditionalistischen Geschlechterrollen, sondern auch der weiblichen Körperlichkeit.“[41]

41 Nikonova 2005: 188.

Die Scharfschützin – Nina Alexeevna Lobkovskaja

Es ist an einem kalten, aber sonnigen Winternachmittag im Februar, als mein für drei Tage angeheuerter Fahrer Sascha den Dolmetscher und mich durch das weiße, schneebedeckte Moskau zu **Nina Alexeevna Lobkovskaja** fährt.

Bereits nach dem ersten Klingeln öffnet sie in Lockenwicklern und Hausmantel. Freundlich, aber professionell lächelnd weist die „**Heldin der Sowjetunion**" auf die halbstündige Verspätung hin und lädt uns dann in ihre für russische Verhältnisse sehr große Wohnung ein.

Ihre ehemalige Frontkameradin Marina, die ich tags zuvor gesprochen habe und die das heutige Treffen vermittelte, hatte uns sagen lassen, dass man möglichst pünktlich sein solle: Nina sei sehr berühmt! Es gäbe mehrere Bücher über sie, sie sei oft im Fernsehen gewesen und habe schon viele Interviews gegeben. In der Tat war bei ihr die Atmosphäre anders. Nicht mehr russisch warm, wie ich es bisher immer erlebte, eher international abgekühlt.

Zunächst bestand sie darauf, dass wir unsere Stiefel anbehielten, was eigentlich in Russland nicht üblich ist, und führte uns sogleich an drei Räumen vorbei in die geräumige Wohnküche, wo sie sofort auf Steckdosen und Verbindungskabel zeigte, die sie für uns bereitgelegt hatte.

Dann fragte sie, für welche Zeitung das Interview sein solle, und schien etwas enttäuscht, dass es sich hier nur um ein historisches Forschungsprojekt handelte.

Es erwartete uns hier kein Essen, wie ich es sonst bei meinen Besuchen in den russischen Wohnungen bei den historischen Gesprächen gewohnt war, auch kein Gebäck und keine Bonbons. Nicht einmal der obligatorische russische Tee wurde ausgeschenkt. Wir kamen hierher nicht als Gäste, sondern als Bittsteller. Das war deutlich. Nina Alexeevna ließ sich bitten.

„Von Gefühlen wirst du hier vermutlich nichts zu hören bekommen, aber interessant kann es trotzdem werden", flüstert mir der Dolmetscher zu. Während ich mein Aufnahmegerät anschließe und sie fotografiere – sie hat sich noch schnell ihre Lockenwickler herausgenommen – sprechen die beiden, der Dolmetscher und sie, schon miteinander.

Mein Blick fällt auf die Wand neben dem Fenster, wo eine lebensgroße Fotografie mehr steht als hängt: Nina Alexeevna. Darauf ist sie sehr hübsch, hat ein lustiges Lächeln und sieht wie eine Bäuerin aus. Sie ist 18 Jahre alt und erst kurze Zeit an der Front. Stolz lächelnd präsentiert sie ihr riesiges Gewehr mit Zielfernrohr. So viel wie möglich möchte ich von ihr wissen.

Als wir dann vom Krieg, von ihrem Heldentum und von ihrer Jugend sprechen, lächelt sie zum ersten Mal und sieht beinahe aus wie das junge, lebenslustige Mädchen auf dem großen Bild.

Deutlicher können Gegensätze nicht sein.

Die Frau und der Krieg, denke ich. Das Leben und die Frau und der Krieg, denke ich. Das Leben und der Tod. Warum hat sie sich freiwillig an die Front begeben? Mit dieser Ausbildung als Scharfschützin hat sie wirklich kein Alibi mehr. Sie begab sich an die vorderste Linie.

„Ich wollte helfen, den Feind zu töten. Ich wollte auch dabei sein, denn ich war so wütend."

Wie alle Russen hegte sie eine große Liebe für die Heimat, für das Vaterland. Vom Krieg selbst, von den faschistischen Truppen, den Bombardements, hatte sie in Tadschikistan nichts miterlebt. Aber dann, schon wenige Wochen nach dem Überfall, wurden verwundete Rotarmisten dorthin gebracht, und sie war entsetzt. Darauf meldete sie sich mit allen ihren Freundinnen spontan zur militärischen Ausbildung.

Das Kriegsministerium, das verschiedene Kurse organisierte, hatte schnell bei den Schießübungen ihre scharfen Augen bemerkt und sie deshalb nach Moskau in die Scharfschützenschule geschickt. Dort gab es nur zwei Mädchen. Die beiden wurden von einer Kommission intensiv psychologisch und militärisch getestet.

„Für mich war der Besuch der Scharfschützenschule eine große Ehre."

Das kann ich aus der Situation heraus nachvollziehen. „Hatte der psychologische Test mit Opferbereitschaft und Heimatliebe zu tun?", lasse ich den Dolmetscher fragen.

„Das wäre zu einfach gesagt“, übersetzt er ihre Antwort. Sie und ihre Freundinnen wollten sich doch nicht opfern. Sie wollten siegen.

Getestet wurden die Siegesbereitschaft, die Eile, mit der man an die Front wollte, um dort seine Arbeit zu machen, aber auch die Zuverlässigkeit. Selbstverständlich sei die Heimatliebe ein wunderbares Gefühl, das höchste, das sie sich damals vorstellen konnte: auserkoren zu sein, für das geliebte Vaterland etwas Wichtiges, Außergewöhnliches, Notwendiges zu machen.

„*Wir mussten und wollten unsere Heimat verteidigen*“, sagt sie mit leuchtenden Augen und sieht genauso aus wie das Mädchen auf dem großen Bild. Sie wendet sich plötzlich mir zu, schaut mich intensiv an und flüstert:

> „*Wissen Sie, ich kann mir nicht vorstellen, irgendwo anders zu wohnen als in meiner Heimat. Dass Menschen in der Fremde leben können, das kann ich emotional überhaupt nicht nachvollziehen.*“

Hier sagt der Dolmetscher Rady Fish, der als historischer Schriftsteller in seiner Heimat auch einen Namen hat, noch einige Sätze zu ihr. Dann übersetzt er wieder und sagt:

> „*Diese wenigen jungen Mädchen hatten während der ganzen Ausbildungszeit ein sehr positives Gefühl, obgleich Krieg war. Das lag vor allem daran, dass sie jung waren und unwahrscheinlich stolz. Besonders als Frauen unter so vielen Männern!*

Als noch nicht einmal Achtzehnjährige so ein riesiges Gewehr mit einem optischen Zielfernrohr in die Hand gedrückt zu bekommen!

Das Bewusstsein, gut damit umgehen zu können, vielleicht sogar besser als die Männer, die Helden, war eine unwahrscheinliche Aufwertung!

Ein Hochgefühl, ein Glücksgefühl!"

Das habe ihnen eine ganz große Selbstsicherheit gegeben!

Und Nina Alexejevna fügt im richtigen Moment auf Russisch hinzu:

„*Ich war in Hochstimmung, gesund, jung, anerkannt zu sein. Ich habe mich rundum gut gefühlt. Selbst heute ist das noch in mir, wenn ich an meine Arbeit im Krieg denke. Dann bin ich stolz.*"

Kein Zweifel ist möglich. Man merkt es ihr an.

„Aber Sie haben getötet. Hat diese Tatsache nie Ihr Hochgefühl getrübt?" werfe ich ein, weil ich diesen Stolz, den sie zeigt, plötzlich nicht mehr aushalten kann.

„*Nein.*" Verwundert schaut sie mich an.

„*Unsere Arbeit war das Töten des faschistischen Feindes. Dieser hat unsere Soldaten, Freunde, Kameraden, Brüder und Schwestern auf dem Gewissen. Das konnte und wollte ich nicht zulassen. Ich musste möglichst schnell und möglichst viele von ihnen beseitigen, damit das endlich aufhört. Wir wollten den Krieg töten, ihn völlig vernichten.*"

Der Dolmetscher fragt sie jetzt, wie sie denn getötet habe. Das verstehe ich sogar auf Russisch. Und ausführlich schildert sie ihm eine Situation. Ich kann mich jetzt erstmal von meinem Schrecken über die letzte Antwort erholen.

Die beiden reden und reden. Er fragt, sie antwortet.

Und dann kommt es:

„Ich bekam eine bestimmte Aufgabe vom Bataillonskommandeur, wenn feindliche Scharfschützen sich näherten. Ich war Zugführerin und sammelte meine Frauen um mich. Wir lagen manchmal tagelang bewegungslos im nassen Gras, im Schnee. Wir waren oft Tag und Nacht ohne Essen und Trinken und lauerten. Maschinengewehrschützen gaben uns Deckung.

Wenn sich auf der gegenüberliegenden Seite – es waren immer etwa 200 bis 400 Meter zwischen dem Feind und uns – auch nur ein Blatt bewegte, wurden wir besonders aufmerksam. Dann konnten wir schon unsere Schlüsse ziehen und handeln. Wir merkten natürlich die Treffer. Aber ob derjenige, der mich tagelang anvisiert hatte, gleich tot war, wusste man nicht immer sofort. Es kam darauf an, schneller zu sein als er, sonst war man selbst dran. Wie Sie sehen, war ich immer schneller.“

Ich unterbreche und lasse nachfragen, ob sie nicht auch Angst gehabt hätte.

„Angst hatte ich nur vor Gefangenschaft und Tod.“

Das sitzt. Sie spricht gleich weiter.

1943 sei sie an die Kalininfront zwischen Leningrad und Moskau gekommen. In ihrem Buch seien 98 Treffer und viele Soldatenauszeichnungen vermerkt. Aber das Wichtigste sei gewesen, dass sie jung war, betont sie immer wieder.

„Ja“, sage ich, „wenn man jung ist, scheint man das Leben eher zu riskieren. Es ist nicht so wertvoll oder man denkt nicht darüber nach.“

> *„In zwei Jahren Krieg habe ich 98 Menschen getötet, und ich habe sie auch fallen sehen.“*

Der Dolmetscher sagt leise zu mir, das sei schrecklich viel.

> *„Dabei hatte ich keine Angst, eher Freude. Ich war ja immer froh, wieder einen Faschisten erledigt zu haben.“*

Ob sie je einem deutschen Faschisten ins Gesicht geblickt hätte?

Da erzählt sie uns von einer Situation, in der sie beinahe nicht schneller gewesen sei, die sie nicht vergessen könne:

> *„Es geschah in besonders schwierigem Gelände. Dort hat sich niemand von uns auf die andere Seite getraut, nachdem geschossen worden war. Wir mussten aber wissen, ob sich drüben noch feindliche Scharfschützen befänden. Deshalb musste ich hinübergehen.*
>
> *Übrigens habe ich nach meinen Abschüssen meist noch stundenlang oder sogar zwei, drei Tage gewartet, ohne mich von der Stelle zu rühren.*
>
> *Es war früh am Morgen. Nach feuchtem Nebel kam die Sonne heraus. Es wurde Tag. Dann wurde es Nacht, dann*

wieder Tag. Ich lag auf der Lauer. Da sah ich, nicht weit von mir, einen weißblonden Mann. Es war ein Faschist, ein ‚Fritz', im weißen Hemd, der an einen Baum pinkelte.

Ich erschrak, weil er so nah war und ich fühlte, dass er genau wusste, dass ich auch da war. Ich konnte mich nicht bewegen. Ich wusste auch nicht, ob er allein oder ein Lockvogel war. Die Lage wurde für mich sehr gefährlich. Ich hatte keine Wahl. So wartete ich Tag und Nacht.

Aber er wartete auch. Am 5. Tag war ich derart erschöpft, dass ich mein Zielfernrohr so bewegt haben muss, dass es wohl ein Strahl der gerade aufgehenden Sonne sichtbar gemacht hatte. Ganz plötzlich schoss er.

Ich wurde im Gesicht und am Kopf verletzt und blutete stark. Ich fühlte keine Schmerzen. Ich hatte nur das Gefühl von Rache. Ich musste ihn sehen, bevor ich zurückschoss. Er würde leichtsinnig werden, wenn ich bewegungslos bliebe. Ich wechselte deshalb ganz vorsichtig meine Position. Da, plötzlich, ließ er etwas fallen und ich schoss.

Am nächsten Tag konnten wir dann die andere Seite einnehmen. Da sah ich ihn tot daliegen. Es war ein hoher Offizier, und die Kriegsgefangenen erzählten beim Verhör erstaunt, dass er von einem sehr jungen Mädchen getötet worden sei. Von mir! Das hat mich sehr stolz gemacht. Ich hatte das Bataillon gerettet, denn es war von faschistischen Scharfschützen bedroht und praktisch in einer ausweglosen Situation gewesen.

In der Verteidigungslinie hatten die Scharfschützen das höchste Ansehen und mussten den größten Mut beweisen. Sie waren im Grunde in heiklen Situationen völlig auf sich allein gestellt."

Jetzt schweigt Nina Alexeevna. Wir, der Dolmetscher und ich, sind betroffen. Wir vergegenwärtigen uns ihrer Situation: Blutend, verletzt, tagelang bewegungslos im nassen Gras zu liegen, allein und in höchster Todesgefahr. Welche übermenschlichen Kräfte erfordert das!

Was Frauen in diesem Krieg geleistet haben, kann ich jetzt erahnen. In dieser Männerwelt Krieg, sich als Frau zu behaupten, Anerkennung zu finden, muss unvorstellbar schwer gewesen sein. Nina Alexeevna bestätigt das sofort.

Natürlich sei es für die Mädchen nicht leicht gewesen, unter den Männern zu leben. Besonders wenn sie die Menstruation hatten. Oder überhaupt beim Waschen. Aber die Männer hätten es ja auch schwer gehabt. Für sie sei es auch eine große Herausforderung gewesen, Mädchen dabei zu haben. Sie mussten sich mehr anstrengen, aber sie waren so auch stärker motiviert. Es habe auch Liebschaften gegeben.

Sie selbst sei Offizierin gewesen. Bei ihr gab es das selbstverständlich nicht. In den langen Jahren des „Großen Vaterländischen Krieges“ und weit weg von der Familie, hatten viele sowjetische Kriegsteilnehmer intime Beziehungen zu Kameraden. Das war beinahe normal. Der russische Schriftsteller und Kriegsteilnehmer Lew Kopelew, der selbst eine „Frontfrau“ hatte, berichtet auch davon.[42]

Übrigens wurden die Frauen, die schwanger waren, nach Hause geschickt. Manche Mütter wünschten dies für ihre Töchter, nahmen es gern in Kauf, nur damit diese zurückkämen. Nina Alexeevna hat in ihrer direkten Umgebung nur zweimal von Schwangerschaften gehört.

42 Kopelew 1979: 83.

Wie sie heute mit ihren Kriegserfahrungen umgehe und ob sie noch vom Krieg träume, wie andere Kriegsteilnehmerinnen, die ich gesprochen habe?

Diese Frage erweist sich als Schluss unseres Gesprächs. Nina Alexejevna hat schon vorher zweimal auf die Uhr geschaut.

In den ersten Jahren nach dem Krieg habe sie häufig von brennenden Dörfern und brennenden Scheunen geträumt, die die Faschisten angesteckt hatten, und davon, dass sie von einem deutschen Scharfschützen erschossen würde.

„Ich sah immer wieder, wie er auf mich zielte."

Irgendwann seien dann diese Träume vorbeigewesen.

Unsere vereinbarte Gesprächszeit ist um. Auch der Dolmetscher, ebenfalls Kriegsveteran, den diese Geschichte ebenso interessierte wie mich, meint, es sei Zeit zu gehen.

Eine letzte Frage erbitte ich mir noch. „Können Frauen Kriege verhindern?" Die Scharfschützin antwortet sofort.

> *„Ja, sie können es, indem sie ihre Kinder zu Frieden und Freundschaft erziehen. Das Vertrauen zwischen den Menschen muss hergestellt werden. Das sollten die Mütter leisten. Dann gibt es keinen Krieg mehr.*
>
> *Ich habe vor vielen Menschen gesprochen, bin in fast allen Schulen Moskaus gewesen und erzählte der jungen Generation von unserem Großen Vaterländischen Krieg. Allerdings ist dies jetzt anders. Die Leute wollen seit der Perestroika immer weniger vom Krieg hören. Die jungen Mädchen von heute interessiert kaum noch, was ihre Großmütter geleistet haben. Selbst meine Töchter wissen nicht alles, und*

die Enkelinnen schon überhaupt nichts mehr. Es scheint so, als habe es für sie nie eine Vergangenheit gegeben."

Nina Alexeevna Lobkovskaja steht auf, geht zur Tür, gibt uns die Mäntel und verabschiedet uns mit einem festen, unmissverständlichen Händedruck. Dann schließt sich fast unvermittelt hinter uns die Tür.

Die Ostarbeiterin – Lidia Saslawskaja

Fast drei Millionen Menschen wurden im Zweiten Weltkrieg von der Wehrmacht in den besetzten Ostgebieten, vor allem in der Sowjetunion, überfallen, gefangengenommen und verschleppt. Die nationalsozialistischen Behörden bezeichneten diese Zwangsarbeiter und -arbeiterinnen verschleiernd als „Ostarbeiter" bzw. „Ostarbeiterinnen". Die wenigsten von ihnen kamen freiwillig, um im NS-Staat zu arbeiten. Überwiegend handelte es sich bei ihnen um sehr junge Frauen und Männer, fast noch Kinder, die in kriegswichtigen Industriezweigen oder im Haushalt eingesetzt wurden.

Lidia Saslawskaja ist Russin und wird 1926 in Dnjepropetrowsk geboren. Der Vater ist Metallgießer, die Mutter Apothekerin. Ohne Geschwister wächst sie bei ihrer Mutter auf, der Vater stirbt im Jahr 1938. Vermutlich wurde er erschossen.

Als die deutsche Wehrmacht am 22. Juni 1941 ohne Kriegserklärung die Sowjetunion überfällt, beginnt das Leiden der Fünfzehnjährigen als Zivilperson. Sie ist noch zu jung, um sich an die Front zu melden. Da die Bevölkerung ihrer Heimatstadt aufgrund des deutschen Vormarsches und der Bombardements zum Teil in Zügen nach Osten, Richtung Ural, umgesiedelt wird, erlebt Lidia sogar unterwegs noch einen verheerenden Bombenregen auf den Zug, wobei sie beinahe verbrennt.

Sie wird zusammen mit ihrer Mutterund anderen Überlebenden in ein Dorf einquartiert, wo sie sich selbst zwei Jahre später, 1943, immer noch nicht von ihren Verbrennungen erholt hat. Auch die Mutter erleidet einen schweren Schock und liegt krank darnieder.

Aber es hilft alles nichts, Lidia muss arbeiten gehen. Sie findet Arbeit auf einer Milchfarm und muss dafür täglich mehr als 2 km durch die Steppe laufen. Schließlich überwindet sie sich. Denn sie und ihre Mutter würden verhungern, wenn sie nicht Milch holen ginge. Lidia erlebt dabei ein Verhängnis nach dem anderen. Erst ein übles Zusammentreffen mit Wölfen, dann wird sie bei einem Fallschirmjägerüberfall aufgegriffen und abgeführt. Schließlich landet sie in einem Waggon, der sie in wochenlanger Fahrt bis nach Berlin bringt, wo sie Zwangsarbeit leisten muss. Dort vegetiert sie zwei Jahre in irgendwelchen Lagerhallen gemeinsam mit anderen sowjetischen Jugendlichen, die alle Minen räumen müssen.

Im Jahr 1945 wird sie von der Roten Armee befreit und in die Sowjetunion zurücktransportiert. Sie ist lange krank und liegt in irgendwelchen Krankenhäusern. Der Gedanke an ihre Mutter, die nichts von ihr weiß, lässt sie nicht los.

Schließlich kann sie sich auf den Weg in jenes Dorf im Kaukasus machen, wo sie wider Erwarten ihre Mutter noch lebend antrifft. Diese ist im Dorf geblieben, weil sie der Meinung war, dass die Tochter umgekommen sei. Irgendwann geht sie mit ihrer Mutter weg und landet schließlich in Wolgograd. Die Stadt, die vorher Stalingrad hieß, ist verwüstet, aber Lidia kann dort die Schule besuchen und sogar studieren. Da sie in Berlin etwas

Deutsch gelernt hat, beschließt sie, Deutschlehrerin zu werden. Sie heiratet und bekommt eine Tochter.

Kurz danach verlässt sie der Ehemann und auch die Mutter stirbt. Die Tochter stirbt ebenfalls nach zehnjähriger Krankheit.

Lidia ist allein und lebt nur noch für ihre Studenten, die sie auch nach ihrer Verrentung, bis zu ihrem Tod im Jahr 2002, betreut.

Ich lerne Lidia in den 90er Jahren in Wolgograd kennen. Anlässlich einer großen Konferenz zum 50. Jahrestag der Stalingrader Schlacht, wo sich russische Geschichtsstudentinnen um die ausländischen Referentinnen kümmern, sagt mir eine Studentin, ich müsse unbedingt ihre Deutschlehrerin kennenlernen. Mehr als das ist zu dieser Zeit nicht möglich.

Einige Jahre später klappt es dann und ich besuche sie in Wolgograd in ihrer Wohnung. Es ist eng im Flur, so eng, dass ich kaum das in Russland obligate Stiefelausziehen ohne Verrenkungen erledigen kann. Der Steinboden ist kalt. Auf Strümpfen rutsche ich ins enge Wohnzimmer.

Unter der Stehlampe ist ein kleiner Teetisch gedeckt. In diversen Glasschälchen befinden sich Bonbons, Marmelade, riesige Zuckerwürfel, auf einer Glasplatte eine kleine Torte, reich verziert mit rosa und grünen Zuckerfiguren.

Je energischer ich in Russland Essen ablehne, desto mehr häuft man mir auf meinen Teller. Lidia nimmt gleich einen großen Zuckerwürfel in den Mund und meint, dass der Zucker endlich wieder nach Zucker schmecke. Ich will endlich mit dem Gespräch beginnen. Ich bin ohne Dolmetscherin da, denn Lidia ist bis zu ihrer Berentung Lehrerin für Deutsch an der Pädagogischen Hochschule in Wolgograd gewesen. Sie macht auf mich einen leidgeprüften, resignierten Eindruck. Später erfahre ich vom Tod ihrer einzigen Tochter, von der sehr schweren wirtschaftlichen Lage, in der sie sich befindet, von ihrer kurzen Ehe, aus der ihr Mann spurlos verschwunden ist, von ihrem Diabetes.

„Warum essen Sie Zucker?"

> *„Weil ich keinen Süßstoff habe und weil es sowieso gleichgültig ist."*

Lidias Leidenszeit beginnt schon zu Beginn des Krieges. Da ist sie fast 15.

Ihre Jugendzeit ist geprägt vom Krieg. Vom Großen Vaterländischen Krieg, wie die Russen sagen, oder wie man in Deutschland sagt, vom Vernichtungskrieg gegen die Sowjetunion. Der Krieg ist das zentrale Element ihrer Jugendzeit. Mehrere Traumata muss sie erleiden.

Die brennende Heimatstadt ist das *erste Trauma* in ihrem jungen Leben:

> *„Meine Mutter und ich sollten in den Kaukasus ausgesiedelt werden, da Dnjepropetrowsk stark bombardiert wurde. Ich war darüber sehr froh, dass meine Mutter mit mir war, denn ich hatte große Angst in der brennenden Stadt. Wir fuhren mit dem Zug Richtung Kaukasus mit vielen anderen Menschen und hatten nur unsere wichtigste Habe dabei."*

Das *zweite Trauma* schildert Lidia so, als erlebte sie es zeitgleich mit: angstvoll, aufgeregt, hastig:

> *„Nach wenigen Stunden Fahrt sah ich über uns ein feindliches Flugzeug und dann fielen auch schon die Bomben auf*

uns. Zuerst auf die Lokomotive, sie entgleiste sofort, dann auf die Waggons, auf uns. Es waren Waggons ohne Dach.

Es war im August 1941. Können Sie sich das vorstellen? Die Bomben fielen direkt auf die Menschen. Es brach Panik und Chaos aus, Trümmer lagen überall, auf uns, neben uns, Teile vom Inventar, Teile von Menschen. Aber meiner Mutter und mir war es gelungen, heil zwischen den Trümmern, den Toten, Sterbenden, Schwerverletzten und wie wahnsinnig schreienden Menschen herauszuklettern.

Meine Mutter und ich hatten uns nach einiger Zeit wieder, unversehrt, natürlich ohne unsere Habe. Wir hatten nichts mehr. Unsere Kleidung war zerrissen und verkohlt.

Die Gefühle, die mir aus der Situation bewusst sind, waren Erleichterung, Freude, Dankbarkeit und ein schmerzhafter Durst. Dieses Erlebnis ist ein Trauma geblieben. Ich hatte schreckliche Angst. Ich klammerte mich an meine liebe Mutter und schluchzte und schrie.

Irgendwann kamen wir in ein kleines Dorf, ich weiß nicht mehr wann, auch nicht, wie es an jenem Tag weitergegangen war, wohin wir gebracht wurden, was ich noch in dieser Katastrophe gesagt oder gefühlt habe. Ich habe mich nur an meine Mutter geklammert und hatte eine panische Angst.“

Auch das *dritte Trauma* während des Krieges bricht mit der gleichen Angst aus ihr heraus:

„Ich erinnere mich an das Dorf etwas. Wir waren zusammen etwa zwei Jahre dort und meine Mutter war die ganze Zeit über krank und konnte nicht arbeiten. Vermutlich hat

sie einen Schock bei dem Angriff auf den Zug bekommen. Ich arbeitete auf einer Milchfarm und konnte meiner Mutter jeden Abend eine Flasche Milch und Brot ans Bett bringen. Ich war stolz darauf, dass ich für sie sorgen konnte. Ich musste jeden Morgen sehr früh und jeden Abend sehr spät mehr als 2 km durch die Steppe laufen.

Um diese Zeit war niemand mehr unterwegs. Es ging kurze Zeit ganz gut und ich begann, mich von dem furchtbaren Zugerlebnis etwas zu befreien. Da befiel mich wieder Todesangst. Ich war auf meinem Weg durch die Steppe ganz allein. Und auf einmal tauchten Wölfe dort auf. Sie verfolgten mich. Ich blieb stehen und sie blieben auch stehen, noch in einiger Entfernung. Dann rannte ich und ich merkte, wie sie auch rannten.

Dann blieb ich wieder stehen, sie auch. Dann versuchte ich ganz langsam zu gehen, darauf reagierten sie nicht, nur auf das Stehenbleiben. Ich hatte Todesangst, schwitzte, sah keine Chance mehr für mich, taumelte, fiel wahrscheinlich hin und hatte mich aufgegeben. Mein Herz klopfte so laut, dass ich glaubte, die Wölfe kämen im Galopp heran.

Aber was für ein Glück geschah mir! Ein Bauer war mit seinem Pferd und Wagen noch unterwegs und konnte die Wölfe verjagen. Er half mir auf den Wagen.“

Nach der Begegnung mit den Wölfen ist Lidia wieder längere Zeit krank. Da es der Mutter aber noch schlechter geht, muss sie nach einiger Zeit wieder zur Arbeit auf die Milchfarm gehen. Denn sonst wären sie verhungert.

Bei der Schilderung des *vierten Traumas* ist Lidias Stimme kaum zu hören:

„Ich war jetzt fast 17 Jahre alt. Wir hatten kaum etwas zu essen und meine Mutter war immer noch krank.

Aber nach einiger Zeit musste ich wieder zur Arbeit auf die Milchfarm gehen. Ich war noch wie gelähmt vor Angst vor den Wölfen. Ich ging zwar nicht mehr allein, es sollten noch einige Kinder zur Arbeit mitgehen, die so alt wie ich waren oder jünger. Ich machte mich mit ihnen auf den Weg in Richtung Milchfarm durch die Steppe.

Wir waren fast dort angelangt, ohne Wölfen zu begegnen, da sahen wir plötzlich etwas vom Himmel auf uns herunterschweben.

Es war ein Fallschirmjägerüberfall!

Nach ganz kurzer Zeit waren sie gelandet, kamen hinter uns her, hatten uns umzingelt, abgeführt und schließlich in einen Zug geladen. Mich auch!

So kam ich nach Deutschland! Nach Berlin!“

Lidia wird, wie Tausende junger sowjetischer Mädchen und Jungen, von einer der Einsatzgruppen auf der Straße aufgegriffen und zur Zwangsarbeit deportiert. Die Familien wissen nichts vom Verbleib der jungen Leute.

„Meiner Mutter konnte ich nicht Bescheid sagen, sie dachte, ich sei umgekommen. Erst nach fast vier Jahren habe ich sie wieder gesehen.

In Berlin habe ich als Putzfrau in einem Labor bei einer Behörde gearbeitet. Geschlafen habe ich im Lager. Es war eine sehr schwere Zeit für mich, da es mir psychisch sehr schlecht ging. Ich war wieder von dieser schrecklichen Angst befallen bei den Bombardements in Berlin. Wir waren ständig im Einsatz, um Schäden zu beseitigen.“

Lidias Tätigkeit im Krieg besteht aus der Arbeit auf der Milchfarm, um sich und die Mutter zu ernähren, und schließlich aus dem Zwangsarbeitseinsatz im Nazi-Reich.

Ein zentrales Element ihrer Identität ist ihre Angst. Von den vielen Traumata, die sie erleiden musste, kann Lidia sich nicht erholen. Und die erste Katastrophe, ihre brennende Heimatstadt zu erleben, versetzt sie in panischen Schrecken. Dieser wiederholt sich mehrfach: die Bombardements auf den Zug und schließlich die Bombardements in Berlin. Langsam spricht sie weiter:

„Ich war wieder von dieser Todesangst befallen, die Geist und Körper lähmt.“

Wie so viele Sowjetbürger hat Lidia an das stalinistische System geglaubt. Sie liebt ihre Heimat und kann auch unterscheiden zwischen Deutschen und Faschisten. Sie fühlt sich als Opfer von Machenschaften, die der Einzelne nicht genau überblicken kann:

„Wer weiß schon wirklich, wer diesen Krieg angefangen hat!

Wir haben 70 Jahre an den Kommunismus geglaubt und sind betrogen worden. Wenn ich etwas bereue, dann ist es das, dass ich das nicht erkannt habe und nur im Glauben daran gelebt und gehofft habe.

Hass habe ich nie empfunden, am wenigsten in Berlin. Ich war doch eine Ostarbeiterin. Wir waren doch Untermenschen. Wen hätte ich hassen sollen? Ich war gehorsam, fleißig, wurde nicht geschlagen oder misshandelt.“

Sie denkt immer, dass es noch schlimmer hätte kommen können, und ist dankbar für alles, was ihr an Bösem erspart bleibt.

> *„Im Mai 1945 hat mich die Sowjetarmee nach Hause transportiert. In Dnjepropetrowsk habe ich meine Mutter nicht gefunden, dann ging ich in das Dorf im Kaukasus, wo wir zusammen waren. Dort habe ich sie wieder gefunden. Sie war dort geblieben, weil sie dachte, ich sei sowieso nicht mehr am Leben. Das war so schön, als ich sie wiedertraf, ich war so glücklich."*

Die wichtigste Beziehung in ihrem Leben war diejenige zu ihrer Mutter. Ihre gute Beziehung zu ihren Studentinnen und ihr Engagement für diese sind besonders bemerkenswert.

Die Erinnerung und das Gespräch über den Krieg lassen schmerzliche Gefühle in Lidia wieder aufleben:

> *„Ich hatte es immer schwer. Die Zeit vor dem Krieg war auch sehr schwer, wir hatten oft nichts zu essen. Im Krieg selbst wusste man nie, was der nächste Moment brachte.*
>
> *Ich bin heute erstarrt, kalt, habe keine Tränen mehr. Ich habe meine Heimat sehr geliebt und ich habe alles irgendwie für die Heimat ertragen. Ich habe die Kriegserlebnisse weggeschoben, verdrängt. Das, was danach kam, war noch schlimmer. Meine Tochter war zehn Jahre krank und ist dann doch gestorben. Deshalb träume ich vielleicht nicht von den Kriegserlebnissen, aber jetzt mit Ihnen davon zu sprechen tut mir sehr weh."*

Ich frage sie: „Was fühlen Sie jetzt? Die Deutschen haben Ihre Heimat überfallen. Sie sind dorthin verschleppt worden, jetzt sprechen Sie mit einer Deutschen darüber?"

> *„Ich kann differenzieren. Ich habe damals auch nicht die Deutschen gehasst, obwohl ich meine Mutter jahrelang nicht mehr gesehen habe. Die Deutschen haben mich in Berlin nicht schlecht behandelt."*

Am nächsten Tag ruft mich Lidia an und sagt mir, es sei ihr nachts sehr schlecht gegangen, sie habe nur noch sterben wollen. Aber jetzt gehe es ihr schon besser. Ich frage sie, ob sie es bereue, mit mir vom Krieg gesprochen zu haben.

Sie sagt:

> *„Es ist gut so. Ich kann wieder weinen."*

JÜDISCHE FRAUEN

Die Ausgrenzung und Verfolgung der Juden

Jede Form von Antisemitismus war im nationalsozialistischen Deutschland seit dem 30. Januar 1933 willkommen. Die deutsche Öffentlichkeit nahm die Ausgrenzung und Verfolgung der deutschen Juden, die sich vor allem in den Jahren 1941 bis 1944 ereignete, kaum zur Kenntnis oder verdrängte sie.

„Nie zuvor hatte ein Staat beschlossen", schreiben Lea Rosh und Eberhard Jäckel, „eine von ihm bestimmte Menschengruppe einschließlich der Alten, der Frauen, der Kinder und Säuglinge ohne jegliche Prüfung des einzelnen Falles möglichst restlos zu töten, und hatte diesen Beschluss mit staatlichen Mitteln in die Tat umgesetzt, indem er die Angehörigen dieser Gruppe nicht nur tötete, wo immer er sie ergreifen konnte, sondern, zumeist über große Entfernungen, in eigens zum Zweck der Tötung geschaffene Einrichtungen verbrachte."[43] In Polen war das Interesse an diesen Ereignissen ungleich geringer. „Es ist fast nicht zu glauben, aber es dauerte fast 25 Jahre, bis einer größeren Öffentlichkeit bewusst wurde, dass etwas Außerordentliches geschehen war."[44]

Bereits im 17. Jahrhundert waren Juden aus Osteuropa nach Deutschland gekommen, jedoch setzte die Masseneinwanderung erst nach den Pogromen im Russischen Reich Ende des 19. und Anfang des 20. Jahrhunderts ein. Deutschland war hauptsächlich als Durchgangsland angesehen worden, Ziel sollten fast immer die USA sein. 1933 lebten etwa 110.0000 Ostjuden in Deutschland.

Mit Hitlers Annektionen von Österreich, dem Memelland, von Elsaß-Lothringen, den angegliederten Ostgebieten u. a. ka-

43 Rosh/Jäckel 1992: 11.

44 Ebd.: 26.

men viele dazu. Die Zahl scheint schwer bestimmbar. Der Historiker Jäckel sagt, 98 Prozent aller Getöteten seien nichtdeutsche Juden gewesen.

Es war erstmalig Raul Hilberg (1992), der in seinem Werk über die Ermordung der europäischen Juden ein Kapitel der Frage nach „Männern und Frauen" widmete. Er verwies darauf, dass nur etwa ein Drittel der Juden, die Auschwitz überlebten, Frauen waren.

Unter deutscher Vollzugsgewalt in Deutschland und Frankreich

Spätestens seit der Reichsgründung von 1871 waren die deutschen Juden in ganz Deutschland gleichberechtigt mit ihren „arischen" Mitbürgern. Dies änderte sich schlagartig mit Hitlers Machtantritt am 30. Januar 1933. Nur kurze Zeit später erlebten rund 500.000 Juden die Aufkündigung der deutsch-jüdischen Lebensgemeinschaft. Die Zahl der aus Deutschland deportierten jüdischen Menschen wird mit 134.000 angegeben, davon kehrten etwa 8000 zurück. Zunächst bestand die Alternative „Heimat" oder „Exil" oder die Frage „bleiben" oder „gehen".

Eine Minderheit ging sofort, nach Palästina oder in Länder, wo Verwandte wohnten, die Mehrheit fühlte sich außerstande, die Heimat zu verlassen. Die schwierigen Einwanderungsbestimmungen schreckten viele ab. Denn die „Reichsfluchtsteuer" war kaum aufzubringen.

Etwa die Hälfte der deutschen Juden konnte sich ins Ausland retten. Viele Alte und Kranke vegetierten in den Judenhäusern dahin und kamen dort um. Für viele andere blieben nur der Suizid und der Untergrund. Genaue Zahlen gibt es nicht.

In Frankreich lebten zur Zeit der deutschen Besetzung etwa 330.000 Juden. Ein Drittel davon waren Nicht-Franzosen, ein großer Teil davon Flüchtlinge aus Deutschland. Viele waren in südfranzösischen Lagern interniert, anderen gelang eine Zeitlang ein Leben im Untergrund, so wie meiner Gesprächspartnerin Lilli Segal.

Zeitgeschichtlich war Folgendes geschehen:

1. Die Auflösung der Internationalen Brigaden in Spanien, was zur Folge hatte, dass viele Spanier und ehemalige Brigadisten nach Frankreich flüchteten, wo sie unter unmenschlichen Bedingungen in „Auffanglagern" interniert wurden.
2. Durch die deutsche Okkupation Frankreichs (1940) waren deutsche Juden jetzt besonders gefährdet.
3. Durch den Hitler–Stalin-Nichtangriffspakt (August 1939) und die Besetzung der baltischen Staaten wurden meine Gesprächspartnerin Lilli Segal und ihr Mann zwar vorübergehend als sowjetische Staatsbürger nicht bedroht, was sich aber nach kurzer Zeit wegen des deutschen Überfalls auf die Sowjetunion (am 22. Juni 1941) schlagartig änderte.

Seit Mai 1941 wurden Juden in Frankreich verhaftet. „Das geschah freiwillig und ohne deutschen Druck, aber auch aus dem Wunsch, sich dem rassistischen Deutschland anzupassen […]."[45]

45 Rosh/Jäckel 1992: 136.

Die Deportationen nach Auschwitz nahmen am 27. März 1942 ihren Anfang. Im Herbst jenes Jahres begann die französische Polizei in Paris systematisch jüdische Frauen mit Kleinkindern morgens aus den Wohnungen zu holen, auf Lastwagen zu laden und sie im Durchgangslager Drancy bei Paris an die Deutschen auszuliefern.

„So verließen zwischen Juli und November 1942 insgesamt 33 Transporte mit je tausend Menschen Frankreich in Richtung Auschwitz."[46]

Die Situation in Polen

Die Zahl der Juden in dem nach dem Ersten Weltkrieg neu gegründeten Staat Polen betrug fast zehn Prozent der Gesamtbevölkerung. Die Juden wurden gesellschaftlich und wirtschaftlich von Anfang an diskriminiert und nicht nur aus der Beamtenschaft, sondern auch aus verschiedenen Berufsverbänden ausgeschlossen.

„Wenn auch neuere Untersuchungen die bisherige Behauptung der Verarmung der Juden widerlegen und nun sogar zu dem Schluss kommen, dass die Mehrheit wirtschaftlich besser gestellt war als die meisten Polen, bleibt doch die Tatsache bestehen, dass sowohl die offizielle Politik als auch die Haltung des größten Teils der polnischen Gesellschaft antijüdisch ausgerichtet waren."[47]

Ab Oktober 1939 befanden sich fast drei Millionen polnischer Juden in deutschen Händen. „Die SS wurde, so stellt es sich aus

46 Longerich 2008: 590.

47 Maurer 1988: 56.

der Rückschau dar, für größere auf sie zukommende Aufgaben systematisch trainiert, das besetzte Polen wurde zum Experimentierfeld für die Germanisierungspolitik."[48]

Besondere Probleme der Ostjuden, die sich gegenseitig diskriminierten – beispielsweise verachtete der „Krawattenjude" den „Kaftanjuden" – zeichneten sich schon früh ab. Gesellschaftliche Umstrukturierungen, wie Abwanderungen vom Land in die Städte Warschau und Lodz, haben bereits in der ersten Hälfte des 19. Jahrhunderts stattgefunden.

In dieser Studie sollen vor allem die Lebensverhältnisse in Lodz, der Geburtsstadt meiner Gesprächspartnerin Dorka, und das Ghetto, in dem sie vier Jahre verbringen musste, kurz skizziert werden.

Seit 1820 war Lodz Fabrikstadt. Dort hatte die polnische Textilindustrie ihr Zentrum. Zu Beginn des Zweiten Weltkrieges, am 9. September 1939, besetzten deutsche Truppen die Kreisstadt Lodz. Ende Oktober 1939 wurde die Stadt zunächst Teil des Generalgouvernements. Ab April 1940 wurde sie in Litzmannstadt umbenannt, mit dem gesamten Landkreis an das Deutsche Reich angeschlossen und im Februar 1941 zum Regierungsbezirk Litzmannstadt im Reichsgau Wartheland erklärt.

Zu Beginn der Besetzung Polens erhielten einige Städte deutsche Ortsnamen. Für Lodz hatte man sich auf den preußischen General der Infanterie Karl Litzmann besonnen, der sich im Ersten Weltkrieg ausgezeichnet hatte.Die Juden wurden rechtlos und aus dem öffentlichen Leben verbannt. Ihre wirtschaftliche und soziale Existenz wurde vernichtet. Die SS und die aufgestellten Sondereinheiten gingen rücksichtslos mit den Menschen um.

48 Martin/Schulin 1985: 309.

> „Am 14. November 1939 wurde die ‚Kennzeichnungspflicht', im Dezember der Judenstern eingeführt, lange bevor im sogenannten Altreich dieser Schritt vollzogen wurde."[49]

Die Ghettoisierungspolitik begann in Lodz bereits im September 1939. Zu dieser Zeit fingen die ersten Deportationen an.

Heiko Haumann schreibt dazu: „Das Leben der Juden im Osten unter der deutschen Besatzung, in den Ghettos und in den Lagern ist kaum zu schildern."[50]

Die Altstadt von Lodz und sogar das Elendsviertel Baluty, das meine Gesprächspartnerin Dorka Sierakowiak emotional sehr angeschlagen schildert, wurden ins Ghettogebiet integriert. Dorka erinnert sich auch an den dort tätigen Judenältesten Chaim Rumkowski. Die Einrichtung rein jüdischer Wohnbezirke, der Ghettos, und der Judenräte im eroberten Polen hatte Reinhard Heydrich, Leiter des Reichssicherheitshauptamtes (RSHA), befohlen.

Seit Februar 1940 wurden Juden in dieses Gebiet getrieben, Nichtjuden mussten es verlassen. Dorka und ihre Familie wurden im April in das Ghetto Litzmannstadt verbracht, das die Nazis am 30. April desselben Jahres hermetisch abschlossen. Die absolute Isolierung fand in keiner polnischen Stadt ihresgleichen.

Das Ghetto wurde nach und nach zur Produktionsstätte für die Wehrmacht ausgebaut. Von 1940–1944 stellten viele Betriebe, die im Ghetto Ressorts genannt wurden, Textilien, Schuhe, militärische Ausrüstung u. a. her. Jedoch wurde die Ernährungslage

49 Loewy/Bodek 1997: 9.

50 Haumann 1990: 184.

der Eingeschlossenen ständig desolater und führte bei vielen zu körperlichem Verfall. Der Historiker Longerich sagt dazu: „Ende 1942 lebten von den ursprünglich 2,3 Millionen Juden im Generalgouvernement nach offiziellen deutschen Angaben noch 298.000.“[51]

Im Juni 1944 befahl Himmler die Räumung des gesamten Ghettos. Von Juni bis August 1944 fanden die Deportationen nach Auschwitz-Birkenau statt. Auch Dorka und ihre Familie waren unter ihnen. Am 19. Januar 1945 wurde Lodz von der Roten Armee befreit.

Auschwitz wurde für die ganze Welt zum Symbol von Terror, Völkermord und Holocaust. Am 14. Juni 1940 wurde das Lager in Ostoberschlesien mit dem ersten Transport polnischer politischer Gefangener in Betrieb genommen. Am 27. Januar 1945 wurde es von Soldaten der Roten Armee befreit.

Im Ghetto und im Vernichtungslager

Man spricht von ca. einer Viertelmillion – die Zahlen sind ungenau – Überlebender aus den Konzentrations- und Arbeitslagern, von den Todesmärschen, in den Verstecken bei Partisanen aus Polen, das unbegreiflicherweise extrem antisemitisch war. In der unmittelbaren Nachkriegszeit „war schwer zu begreifen, dass es tatsächlich Überlebende – mehrere Hunderttausende – gab.“[52]

Meine Gesprächspartnerinnen Dorka und Lilli haben beide das Todeslager Auschwitz überlebt. Sie stammen aus einem kulti-

51 Longerich 2008: 641.

52 Grossmann 2002: 300.

vierten emanzipierten und assimilierten Elternhaus und konnten das Abitur machen. Lillis Vater hatte als Offizier am Ersten Weltkrieg teilgenommen und lebte als hochangesehener Arzt mit eigener Klinik in Berlin. Und er lebte sein Deutschtum. Als er erfuhr, dass Juden ausgegrenzt werden sollten, nahm er sich das Leben.

Für beide Frauen haben Religion und jüdische Identifikationsaspekte wenig Relevanz und spielen kaum eine Rolle.

Die Dimension des Vernichtungskrieges im Osten machte die Mordaktionen möglich und die Gefangenschaft in den Lagern stellte ihren lebensbedrohenden „Kriegsalltag" dar. Um es mit den Worten von Eugen Kogon zu sagen:

> „Das Ganze hinter den eisernen Gitterstangen einer terroristischen Disziplin ein Dschungel der Verwilderung, in den von außen hineingeschossen, aus dem zum Erhängen herausgeholt, in dem vergiftet, vergast, erschlagen, zu Tode gequält, um Leben, Einfluss und Macht intrigiert, um materielle Besserstellung gekämpft, geschwindelt und betrogen wurde, neue Klassen und Schichten sich bildeten […]"[53]

Die Vernichtungsabsichten der Nazis zielten auf jüdische Frauen ebenso wie auf jüdische Männer. Allerdings scheint es, als ob weibliche Gefangene größere Überlebenschancen hatten als die männlichen. Diese seien sozialisationsbedingt wenig mit hauswirtschaftlichen Fragen in Berührung gekommen, während jene Fertigkeiten erworben hätten wie Nähen, Kochen usw., die ihnen

53 Kogon 1974: 7.

später im Lager zugute kamen.[54] Jeder konsequente Plan der Nazis musste auf jüdische Frauen als Frauen abzielen, da sie die einzigen waren, die am Ende die Kontinuität jüdischen Lebens garantieren konnten:

> „In dem Bestreben, das Judentum durch Verhinderung von Fortpflanzung bereits vor der totalen Vernichtung zu zerstören, verboten die Nazis in verschiedenen Ghettos Geburten, verordneten Mischlingen die Sterilisation und selektierten Mütter und schwangere Frauen nach ihrer Ankunft in den Vernichtungslagern systematisch für den Tod."[55]

Ruth Bondy beschreibt auch die willkürlich zugeworfene Kleidung für Männer und Frauen. Diese konnten sie irgendwie den Körpermaßen anpassen, während die Männer sich wenig helfen konnten. In der Opferrolle waren die Frauen in der jüdischen Katastrophe des 20. Jahrhunderts den Männern gleichgestellt, aber ihre spezifische biologische Funktion war ein besonderer Faktor ihrer Bedrohung.

Männer und Frauen waren in den Lagern allerdings unterschiedlichen Formen sexuellen Missbrauchs ausgesetzt. „In den Frauenlagern gab es Vergewaltigungen", schreibt die ehemals Inhaftierte Lucille Eichengreen. „Aber Sex wurde auch ‚getauscht' gegen eine Scheibe Brot oder eine Kartoffel."[56] Und selbst für die Zeit im Ghetto Lodz habe diese Regelung gegolten. Aber nicht

54 Bondy 2001: 137.

55 Baumel 2002: 360.

56 Eichengreen 2004: 10 ff.

alle seien dazu bereit gewesen und einige hätten es vorgezogen, lieber zu verhungern.

Jedoch kam es in Auschwitz-Birkenau auch zu Auflehnungen weiblicher Häftlinge durch Singen von Widerstandsliedern oder Schmuggeltätigkeiten. Die weibliche Erfahrung hat sich gemäß Eichengreen vor allem in durch Körper und Geschlecht definierten Sphären gezeigt und so unterschieden. Denn in den weiblichen Memoiren sei vor allem vom Ausbleiben der Menstruation, Bemerkungen zur Hygiene, sexueller Ausbeutung und Schwangerschaft die Rede, während es beispielsweise in der Fülle der männlichen Memoiren vor allem um die Zerstörung des Selbst, um Hunger, Kälte und Terror gegangen sei.

Verwunderlich ist, dass die erste Tagung zu dieser Frage des Ausdrucks der unterschiedlichen Befindlichkeiten in den Lagern erst ca. vierzig Jahre nach den Geschehnissen, im Jahr 1983, in New York mit dem Titel „Women Surviving the Holocaust" stattfand.

Die Résistance-Kämpferin – Lilli Segal

Lilli Segal wird 1913 in Berlin als drittes Kind des jüdischen Arztes Karl Schlesinger, eines im Ersten Weltkrieg hochverdienten Offiziers, geboren.

Nach ihrem Abitur 1931 studiert sie in Berlin und Genf Politökonomie. Sie verkehrt in linken Studentenkreisen, die in ihren Ideen ihrem eigenen Weltbild entsprechen, zu dem auch die Sorgen um die politische Entwicklung im eigenen Land gehören. Wegen wachsender Devisenbeschränkungen kehrt sie zum Wintersemester 1932/1933 nach Berlin zurück.

Hier beschließt sie, zum Studium der Landwirtschaft überzuwechseln,

> „*weil ich den Numerus Clausus für jüdische Studenten voraussah und jetzt lieber kein theoretisches Fach studieren wollte. Ich erklärte meinem Vater, ich will Landwirtschaft studieren, da kann ich in die Praxis gehen und notfalls auch im Ausland etwas finden.*“

Sie macht zunächst in Schlesien ein landwirtschaftliches Praktikum.

Am 1. April 1933, dem Tag des Judenboykotts, nimmt sich ihr Vater das Leben.

Da keine Aussicht mehr bestand, in Deutschland als Jüdin zum Studium wieder zugelassen zu werden, geht sie nach Frankreich und beginnt im November 1933 an der Universität Toulouse mit dem Studium der Landwirtschaft.

Dort lernt sie ihren späteren Mann, den jüdischen Kommunisten Jacob Segal kennen, der sich in den 80er und 90er Jahren weltweit als Professor der Mikrobiologie und in der Erforschung des Aids-Virus einen Namen machen wird.

Lilli Segal arbeitet gemeinsam mit ihrem Mann ab 1941 in linken Gruppierungen der französischen Résistance, vor allem in Paris, gegen die Nazis. Ihren im gleichen Jahr geborenen Sohn versorgen französische Freunde. Lilli wird schließlich entdeckt und im Dezember 1943 zunächst in das Wehrmachtsgefängnis in Fresnes verbracht.

Sie sitzt dort monatelang, wobei ihr auch Folterungen nicht erspart bleiben. Vom Durchgangslager Drancy aus wird sie schließlich im August 1944 nach Auschwitz deportiert.

Dort erlebt sie erneute Misshandlungen, weil sie sich immer wieder solidarisch für Schwächere einsetzt, und kommt im November 1944 gemeinsam mit anderen, auch noch arbeitsfähigen Französinnen in ein Arbeitslager.

Am 20. November 1944 gelingt ihr, gemeinsam mit einer Freundin, die Flucht.

Nach dem Krieg lebt Lilli Segal mit Mann und zwei Söhnen in Berlin und arbeitet, nachdem sie promoviert wurde, als seine Assistentin. 1999 stirbt Jacob Segal und Lilli zwei Jahre nach ihm.

Kennenlernen und erste Gesprächssituation

Ich lerne Lilli Segal anlässlich der Feierlichkeiten zum 50. Jahrestag des Kriegsendes 1995 in Berlin kennen, wo sie mir bei Tisch gegenübersitzt. Da ich selbst Mitglied der Organisation DRAFD[57] bin, nehme ich die Einladung nach Berlin gerne wahr, weil ich einige Interviews mit Frauen für eine Buchpublikation machen will. Mich interessiert vor allem, wie Frauen den Krieg in besonders schwierigen Situationen ausgehalten, überlebt und wie sie weitergelebt haben.

Lilli Segal, obgleich schon längst über 80, trägt im Stil der 70er Jahre ein weißes, langes indisches Kleid und offene Sandalen. Sie fällt mir sofort auf. Ich erfahre erst nach und nach ihr bewegendes Schicksal. Schließlich lädt sie mich zu sich nach Hause in die Leipzigerstraße ein, nur wenige Schritte entfernt vom Mehringdamm. Dort erzählt sie mir bis in die Nacht hinein ihre Kriegs- und Überlebensgeschichte. Und dort lerne ich auch ihren Mann Jacob kennen.

Dem Anlass meines Besuches in Berlin entsprechend sprechen wir zunächst vom 8. Mai 1945, der in der deutschen Presse überall als Tag der Befreiung propagiert wird.

> *„Ich muss wirklich sagen, dass für mich der 8. Mai 1945 kein wirklicher Tag der Befreiung war. Kameradinnen, mit denen ich im Lager gewesen war, waren noch nicht zurück in*

57 DRAFD: „Verband Deutscher in der Résistance, in den Streitkräften der Antihitlerkoalition und der Bewegung Freies Deutschland", ist hervorgegangen aus dem NKFD, dem „Nationalkomittee Freies Deutschland und Bund Deutscher Offiziere" und wurde nach dem Krieg in Ostberlin gegründet.

Frankreich. Sie waren noch nicht mal befreit und wir wussten noch nicht, was aus ihnen geworden war. Auch sonst war dieser Tag ein Tag, an dem Leute wie ich oder meine Freunde daran gedacht haben, wie viele noch irgendwo in Europa verstreut sind, wie viele Menschen vielleicht gar nicht zurückkehren und ich kann nicht sagen, dass es für mich ein Tag der Freude gewesen war. Das ist für mich ein Tag, an dem die Alliierten gemeinsam es fertiggebracht haben, die Faschisten zur Räson zu bringen."

Das Schicksal der übrigen Betroffenen und die Befreiung gehen Lilli über ihr eigenes. Das scheint für sie sekundär.

„Würden Sie sagen, dass der 8. Mai 1995 wirklich das Ende des Krieges und der Naziherrschaft bedeutet", will ich von ihr wissen. Und plötzlich gereizt antwortet sie:

„*Nein. Ich sehe das nicht so. Nach dem, was ich in den letzten Jahren erlebt habe, Ende der 80er Jahre, auf keinen Fall. Ich meine damit die Verniedlichung der Lager, die Lüge um Auschwitz, das alles ist schlimmer geworden. Das hängt damit zusammen, dass immer weniger Zeitzeugen vorhanden sind, die darüber berichten können.*"

„In Deutschland ist die Zeitzeugenbefragung eine relativ neue Methode der historischen Forschung, sie ist höchstens 10 bis 15 Jahre alt", sage ich. Und Lilli meint:

„*In einigen Ländern, wie Frankreich und England, hat man die Zeitzeugen schon viel länger befragt. Aber die Hemmung hier war groß, das alles noch einmal aufzureißen. Es gab ungeheuer viele psychologische und ökonomische und auch historische Dinge, die dazu geführt haben, dass vieles nicht gesagt worden ist. Auch schon deshalb, weil ein Teil der Papiere einfach versteckt war. Dinge wurden nicht gesagt, weil sie sehr schmerzhaft waren. Das, glaube ich, ist der Fall gewesen bei denjenigen, die selber einen Bericht gemacht haben. Ich glaube aber noch etwas anderes.*

Ich nehme z. B. mal die Frage der Zigeuner. Ich weiß positiv, und das habe ich so und so oft überprüft, dass, als ich am 3. August 1944 nach Auschwitz gekommen war, neben unserem Lager, nur durch einen Stacheldraht getrennt, ein Zigeunerlager war.“

Lillis Antwort ist sachlich und reflektiert, so als wäre sie keine Betroffene. Sie skizziert den Zeitgeist der vergangenen Jahre, informiert über das Thema Auschwitz und stellt damit einiges richtig.

Kindheit und Beziehung zu den Eltern

Lillis Mutter stirbt, als sie neun Jahre alt ist. In der darauf folgenden Zeit ist die Beziehung zum Vater sehr innig. Das ändert sich, als dieser nach fünf Jahren eine fast dreißig Jahre jüngere Frau heiratet und sich völlig dieser unterordnet.

„Er tat auch nichts, um mich gegen seine Frau zu verteidigen, selbst dann nicht, wenn sie mich schikanierte.

Noch im März 1933 schrieb er einen Nachtrag zu seinem Testament, der etwa so lautete: Meine Frau soll auf jeden Fall finanziell so gestellt sein, dass sie sorgenfrei leben kann, während meine Kinder dazu imstande sind, sich selbst zu ernähren."

Damit umreißt Lilli die emotionale Situation, die sie seitdem zu Hause erlebt. Als der Vater stirbt, ist auch der ältere Bruder noch nicht mit seinem Medizinstudium fertig.

Beziehung zu den Geschwistern

Selten werden die Geschwister erwähnt. Die verheiratete Schwester habe ihre eigenen Sorgen gehabt, der Bruder habe sie auf der Beerdigung des Vaters etwas getröstet. Ansonsten habe er das Berliner Nachtleben sehr genossen:

> *„Ich war sehr oft allein und auf mich gestellt, hätte es aber lieber anders gehabt und öfter mit meinen Geschwistern geredet."*

Lilli erwähnt, dass sie als jüngstes, aber aufmüpfiges und widerborstiges Kind vom Vater bevorzugt behandelt wurde, dass er bis zu seiner zweiten Heirat immer mit ihr wandern und schwimmen ging und hinter ihr stand, wenn sie wegen ihrer Streiche – und manchmal boshaften Gedichte – Lehrer und Verwandte ärgerte:

> *„Ich war zwar ein schwarzes Schaf, aber immerhin die Tochter des Doktor Schlesinger, eines angesehenen Berliner Arztes, deshalb konnte ich mir einiges erlauben. Im Gegensatz zu meiner Schwester hatte ich keine weiblichen Tugenden. Ich war unordentlich, ohne Sinn für Äußerlichkeiten oder*

gutes Benehmen. Mein Vater behandelte mich wie einen Jungen, über alles sprach er ernsthaft mit mir, nur nicht über das, worum es auch ging, nämlich über die Ungerechtigkeiten gegen Juden und sozial Benachteiligte."

Sehr reflektiert nimmt sie darüber hinaus aber auch Stellung zu dem, was sie als ungerecht empfindet.

Zentrale Elemente ihrer Tätigkeit

Lilli betont immer wieder die Wichtigkeit ihrer politischen Arbeit in Frankreich, dem Land der Revolution, der Pariser Kommune, auch wenn sie bei ihrer Familie kein Gehör findet. In der Literatur von Zola, Marx, Luxemburg, Bebel findet sie, was sie gesucht hatte:

„Hier war etwas, das mich anzog, eine andere Idee, eine selbstständige Meinung. Gewiss, mein Vater, mein Bruder lehnten den deutschen Chauvinismus und Militarismus ab, aber sie setzten dem nicht wirklich etwas entgegen."

Auch in der fatalen Notsituation in Auschwitz versucht sie, wenn irgend möglich, anderen zu helfen. Später will sie deren Schicksal aufklären, um auch diesen Gruppen Gerechtigkeit widerfahren zu lassen:

„Ich war in einem Block Krankenpflegerin. Draußen habe ich nicht gearbeitet. In Auschwitz waren Zigeunerinnen mit ihren Kindern, die unter sehr viel schlimmeren Bedingungen

lebten als wir. Wir haben ihnen manchmal etwas Brot oder etwas überhaupt zu essen durch den Zaun rübergereicht. So schlimm war es.

Ende August 1944, ich weiß nicht das genaue Datum, habe ich gesehen, wie das Lager geleert wurde.

Die Frauen mit den Kindern wurden in irgendwelche Autobusse gepackt, dann haben wir zweieinhalb Tage die Schornsteine der Gaskammern brennen sehen. Und es wurde uns erzählt, es wäre nur Stroh, aber es war uns doch in bestimmtem Sinne klar, dass das die Zigeuner waren.

Und über diese Tausende Zigeuner und Kinder, die da verbrannt wurden, gab es bisher keine Papiere. Nur über diejenigen, die aus Deutschland deportiert waren.

Nach 1945 ist es mir nicht gelungen, wirklich schriftliche Aussagen über diese Zigeuner zu finden. Ich habe auch mit Spezialisten der Sinti und Roma gesprochen und wir haben versucht, unsere Beobachtungen zusammenzubringen. Es fehlten einfach alle Papiere über diese Gruppen.“

Beziehung zu Männern

Lilli hat in der Kindheit die große Zuneigung ihres Vaters erfahren, die aber abrupt durch eine andere Frau endet, als Lilli in der Pubertät ist. Der Vater hat nur noch Augen für die neue Frau und vernachlässigt völlig die vorher in Liebe und Kameradschaft mit ihm verbundene jüngste Tochter:

„Sie verstand es, weibliche Schwäche als Waffe auszunutzen – mein Vater war wie ausgewechselt. Mein Vater wagte

nicht, seiner Frau zu widersprechen, hatte aber auch keine Argumente parat, mir zu antworten, wenn ich mit meinem Temperament loslegte.“

Lilli bezeichnet sich selbst als wenig weiblich, aber mit einem recht hübschen, lebhaften Gesicht. Sie verliebt sich oft unglücklich in schöne Männer, auch den Bruder bezeichnet sie als schön.

Glück hat sie schließlich, als sie ihren künftigen Ehemann, einen gutaussehenden litauischen Juden, der in Deutschland aufgewachsen ist, kennenlernt. Mit ihm kann sie mehr als 50 Jahre lang aufgrund von gemeinsamen Interessen in privaten und politischen Bereichen eine sehr gute, auf Kameradschaft und gegenseitigem Respekt aufgebaute Ehe führen.

„Jascha sah gut aus im Gegensatz zu mir. Vom ersten Augenblick an war er mein politischer Mentor, und ich hatte unbegrenztes Vertrauen in seine geistige Überlegenheit.“

Lilli sieht den Ehemann in subjektiv reflektierter Weise als Respekts- und Vertrauensperson, den Vater dagegen als Schwächling.

Zentrale Elemente ihrer Identität

Die wichtigsten Elemente ihrer Identität sind ihre Klarsichtigkeit, ihre Offenheit, ihr Gerechtigkeitssinn und ihre Zivilcourage.

Seufzend sagt sie jetzt:

„Gut behandelt wurde wahrscheinlich niemand in Auschwitz. Ich wurde aber weniger schlecht behandelt als zum Beispiel die Juden, die aus Polen etc. kamen.

Aus dem Grund, weil man uns zur Arbeit brauchte, hat man uns hygienisch und auch im Hinblick auf Essen das gegeben, was dafür dringend erforderlich war. Und selbst in Auschwitz war es so, dass, wenn man sehr gut Deutsch sprach, man weniger direkt beschimpft und misshandelt wurde.

Uns war bereits klar, was mit uns passieren würde, als wir nach Auschwitz kamen.

Ich habe im Winter noch in Paris 1943 im englischen Radio eine Rede von Thomas Mann gehört, wo er zum ersten Mal ganz genau darüber berichtete, dass es in Auschwitz Gasöfen gäbe. Und zwar war ein Eisenbahner nach der Schweiz geflohen und hatte seinen Bericht abgegeben.

Und Thomas Mann hat das im englischen Radio wiedergegeben. Ich erinnere mich noch, wie er am Schluss sagte, ‚und das war mal mein Vaterland'.

Diese Rede von Mann haben wir vervielfältigt und haben sie sowohl vor den deutschen Kasernen, als auch unter den Franzosen verteilt.

Aus hundert Gründen waren wir davon überzeugt – wir wussten erst nicht direkt von Gasöfen –, dass die Juden, die deportiert waren, getötet und vernichtet wurden."

Lilli bekennt sich hier nachdrücklich und eindeutig zur Vorbildfunktion des Menschen am Beispiel Thomas Manns.

Stellung zur politischen Ideologie

Durch ihre frühe Hinwendung zu linken Organisationen, durch den Einfluss ihres kommunistischen Ehemannes und durch ihre politische Arbeit im Untergrund der französischen Résistance bezieht Lilli als Jüdin eine klare gegen die Nazis gerichtete, widerständige Position.

> „*Wir waren Antifaschisten und Widerstandskämpfer und gingen ganz in unserem Kampf gegen die Nazis auf.*“

Verschiedene politische Ereignisse veranlassen Lilli und ihre kommunistischen Freunde, sich intensiv der politischen Arbeit zu widmen, d. h. bedrohten Genossen zu helfen.

Lilli arbeitet als Übersetzerin und ist Mitglied der Organisation MOI (Mouvement Ouvrier International), einer Unterorganisation der Résistance, für die sie Kurierdienste macht. Gemeinsam mit französischen Freunden und Genossen hilft sie gefährdeten illegalen Juden und Kommunisten.

Ab Herbst 1942 beginnen in Paris die Verhaftungen in großem Stil.

Die Verhaftungen wurden durch die normale französische Polizei durchgeführt. Sie holten die Menschen frühmorgens aus den Wohnungen, luden sie auf Lastwagen und übergaben sie in Drancy an die Deutschen.

Am 21. November 1943 wird Lilli entdeckt und verhaftet. Sie wird im deutschen Militärgefängnis Fresnes bei Paris inhaftiert, mehrfach verhört und misshandelt, da sie keine Namen nennt und auch ihren Ehemann, der im Untergrund lebt, nicht belasten will.

Ende Juni 1944 wird Lilli in das Durchgangslager Drancy gebracht, d. h. sie befindet sich jetzt auf dem Weg nach Auschwitz:

„Ich bin dann aus dem Militärgefängnis Fresnes in das Deportationslager Drancy bei Paris mit ungefähr 20 jüdischen Personen gebracht worden.

Es war mir zu diesem Zeitpunkt bereits klar, dass dies das Ende bedeuten würde.

Wir waren in einem Autobus, vorne war ein normaler französischer Fahrer und hinten stand ein SS-Mann und sein Gehilfe, ein deutscher Halbjude. Im Wagen waren ein paar Juden mit einem J an ihrer Kleidung, die man verhaftet hatte, und meine Kameraden.

Da habe ich zu ihnen gesagt: ‚Wir kommen jetzt nach Drancy, ich schlage euch vor, dass wir versuchen zu fliehen. Der Chauffeur wird sicherlich nicht den Deutschen helfen, der SS-Mann wird versuchen zu schießen, ich weiß nicht, ob ich so schnell laufen kann, aber der größte Teil von uns hat die Chance, in Paris zu entkommen.‘

Sie sagten: ‚Du bist wohl verrückt, jetzt, wo man uns nicht erschossen hat, da willst du fliehen und in ein paar Monaten nur werden wir befreit sein.‘“

Lilli sieht ein, dass ein Fluchtversuch zu diesem Zeitpunkt unmöglich ist. Trotzdem sieht sie die Realität viel klarer als andere:

„Und noch im Lager Drancy gab es eine deutsche Jüdin namens Rothschild, die mit einem deutschen Genossen verheiratet war und ein Kind hatte. Bis dahin hatte man sie und das Kind nicht deportiert. Jetzt fehlten nun dem Komman-

danten ein paar Leute und darum nahm er sie und sagte, sie könne das Kind mitnehmen.

Ich redete eine ganze Nacht auf sie ein, dass sie das Kind in Frankreich lassen solle. Ihr Mann würde es bestimmt holen oder irgendwelche Bekannten würden sich darum kümmern. Es war in den letzten Julitagen 1944. Sie nahm das Kind mit und beide kamen um.

Es war den Leuten nicht klarzumachen, es wollte keiner glauben. Und ein Fluchtversuch wäre wirklich nicht möglich gewesen.

Nein, das Lager war überfüllt und schwer bewacht und schnell wurde ein Transport nach dem Osten vorbereitet.

Und aus dem Zug? Nein! Wir waren in einem Waggon, wo sie einem Familienvater mit mehreren Kindern die Verantwortung übergaben und ihn bedrohten, dass er und seine Familie bestraft würden, falls einer entflöhe. Der hätte alles getan, um mich daran zu hindern."

Die vier Tage im vergitterten Viehwaggon, zusammen mit 75 Menschen bei hochsommerlichen Temperaturen, möchte Lilli nicht beschreiben. Auch die Ankunft in Auschwitz hätten andere ausführlich und besser beschrieben, als sie es überhaupt könne. Aber es ist ihr möglich, darüber wenigstens etwas zu sagen.

„Nach der Hölle in den Viehwaggons atmeten wir wieder die kühle Nachtluft ein. Irgendwer rief: ‚Alte und Frauen mit Kindern links, Frauen rechts.'"

Der Begriff „Hölle" umreißt durch dieses eine Wort Lillis Leidensfähigkeit.

„Wir waren noch etwa 160 Frauen, unter denen ich mit meinen 31 Jahren schon zu den älteren gehörte.

Wir kamen nach Birkenau B II in das Quarantänelager für die zur Arbeit bestimmten Juden. Verwendungsfähige gingen nach einiger Zeit wieder auf Transport, die Unbrauchbaren ins Gas, in den Ofen. Es herrschte ein gewaltiges Durcheinander. Übrigens, ich stehe nicht auf der Liste der aus Drancy Deportierten am 31.7.1944. Auf den gefundenen Registern findet sich als letztes die Nummer A 16795. Ich aber trage die Nummer A 16808 und meine Kameradin die Nummer A 16809.

So merkwürdig es erscheint, wir trugen keine Häftlingskleidung. Uns hatte man in der Desinfektion irgendein Kleidungsstück zugeworfen. Wir boten einen entsetzlichen Anblick in dem Kleid, in dem wir schliefen, auf dem Boden saßen und uns ja nie waschen konnten. Wir sahen nach wenigen Tagen völlig verschmutzt und zerlumpt aus, besonders mit unseren rasierten Köpfen, auf denen die sengende Sonne Verbrennungen hinterließ."

Danach war sie drei Monate in Auschwitz.

Und von dort kam sie in ein Arbeitskommando im Sudetenland, bei Gratzau, 30 km von Zittau entfernt.

Gemeinsam mit etwa siebzig Französinnen wird Lilli zum Arbeitseinsatz ausgewählt. Sie werden morgens um 5 Uhr vom Lager auf einer Landstraße, an Häusern und Gärten entlang, in eine 8 km entfernte Fabrik geführt. Und abends um 18 Uhr zurück. Sie hören Menschen sprechen und Hunde bellen.

Und Lilli sagt traurig:

„Es wird immer behauptet, dass die Menschen nichts davon mitkriegten, was mit den Juden geschah. Sie haben uns doch alle gesehen.

Ich war in einer Gruppe von Frauen, aber in der Fabrik arbeiteten auch Männer, mit denen wir Kontakt hatten. Da waren auch deutsche Arbeiter, die hin und wieder es wagten, einen Apfel oder Brotkanten für einige von uns irgendwo zu deponieren.

Meine Kameradin hatte in Auschwitz eine Fehlgeburt gehabt. Es gab da ja keine Instrumente, um eine richtige Ausschabung zu machen, obgleich eine polnisch-jüdische Ärztin alles gemacht hat, um ihr zu helfen. Sie verlor lange Blut und war sehr schwach. Ich litt fürchterlich unter meiner eigenen Hilflosigkeit.“

Deshalb denkt sie bereits am ersten Tag an Flucht. Sie hatte von ausländischen Zwangsarbeitern erfahren, dass der Vormarsch der Roten Armee zunächst zum Stehen gekommen war und dass der Krieg noch den Winter überdauern würde:

„Da es mir nicht gut ging, sagten wir uns, dass wir den Winter sowieso nicht überstehen würden und eigentlich nichts zu verlieren hätten, wenn wir fliehen würden. Die Erfolgschance war natürlich sehr gering.“

An einem noch sehr dunklen Morgen löst sie sich kurz vor einem Tunnel mit ihrer Kameradin vorsichtig aus der Gruppe und beide hocken sich im Straßengraben nieder.

Sie bleiben stundenlang im Graben liegen. Erst als es gegen 10 Uhr läutet, wagen sie sich vorsichtig ins Dorf. Da die Kirche verschlossen ist, klopfen sie an der Tür zum Pfarrhaus.

> *„Ein hell erleuchteter Raum, Eichenmöbel, ein Teppich, wir waren so geblendet, dass wir zunächst den wohlgenährten, in einer Samtjoppe gekleideten Herrn Pfarrer nicht sahen. Der sah missbilligend an uns herunter und schrie sofort: ‚Was wollt Ihr hier?'*
>
> *Ich sagte: ‚Wir sind Juden und aus einem Lager entflohen! Können Sie uns helfen?'*
>
> *Er: ‚Verlasst sofort das Haus, sonst bekomme ich selbst noch Unannehmlichkeiten. Ich will damit nichts zu tun haben.'*
>
> *Und er öffnete blitzschnell die Tür und stieß uns hinaus, sodass wir auf die Straße stolperten."*

Damit wird den beiden Frauen ihre verzweifelte Lage voll bewusst. Sie verstecken sich dann bis zum Abend unter Laub in einem tiefen Graben.

Noch am ersten Abend stießen sie auf der Landstraße auf französische Kriegsgefangene.

> *„Die haben uns dann, so weit sie konnten, mit Brot und Geld geholfen."*

Später erfährt sie, dass es auch andere Fluchtversuche gegeben hat:

„Nach uns ist eine Holländerin geflohen. Die haben sie erwischt und haben sie auf dem Dach zur Abschreckung festgebunden. Am nächsten Tag war sie tot.“

Diejenigen, die die Befreiung erlebten, sagten es ihr später. Trotzdem behauptet sie, dass es trotz allem Schrecken immer noch Menschen gab, die den Mut hatten zu helfen.

In Frankreich allerdings habe man überall geholfen.

„Also in meinem besonderen Falle ist der 8. Mai für mich nicht der Tag der Befreiung. Für mich sind zwei andere Daten wichtiger.

Das war einerseits der Tag, als ich die Schweizer Grenze überschritten habe. Das war im Dezember 1944. Im März 1945 konnte ich bereits nach Frankreich zurückkehren und dort meinen Mann und mein Kind wiederfinden.

Das sind für mich die *Tage der Befreiung gewesen.*

Man muss immer wieder über die Schrecken des Krieges sprechen. Ich habe Vorträge gehalten und ich habe mit jungen Leuten gesprochen. Es ist wahnsinnig schwer, diese Schrecken den jungen Leuten klarzumachen. Ich bin der Meinung, dass wir trotzdem gewisse Dinge immer wieder sagen müssen. Die neue Generation muss sich immer wieder darüber klarwerden, wohin anscheinend eine am Anfang gar nicht so bösartige Fremden- und Rassengeschichte führen kann.“

Aus ihren Worten klingen zugleich Verzweiflung und Hoffnung, aber auch Sorge.

„Wir haben nirgends geschwiegen und immer den Mund aufgemacht. Ich glaube, dass wenn die Juden am Anfang ihren Mund weiter aufgemacht und versucht hätten, international eine vernünftige Opposition zusammenzubekommen, die Nazis doch vor gewissen Sachen zurückgeschreckt wären. Wenn die deutschen Juden nur die Ostjuden etwas geschützt hätten! Aber selbst da herrschte eine gewisse Rassenideologie.

Mein Vater war ein deutscher Offizier im Ersten Weltkrieg. Und nachdem man es ihm gesagt hatte, dass auch er gemeint ist, hat er Selbstmord gemacht.

Ich denke, er hat es richtig gemacht. Gott sei Dank hat er alles nicht mehr erlebt."

Die Polin aus Lodz – Dorka Sierakowiak

Dorka Sierakowiak wird am 10. Februar 1914 in Lodz als drittes Kind einer gut situierten jüdischen Familie geboren. Bis zu ihrem Abitur lebt sie mit ihren vier Geschwistern bei den Eltern. Kurz danach, mit 20 Jahren, heiratet sie einen christlich-polnischen Chemiestudenten und bezieht mit ihm eine eigene Wohnung. Die beiden leben einige Jahre sehr glücklich, jedoch kinderlos zusammen.

Die Repressionen durch die Nazis, denen ihre Eltern und Geschwister permanent ausgesetzt sind, gipfeln in der Zwangsumsiedlung der Eltern und der verheirateten älteren Geschwister in das Ghetto von Lodz Anfang Januar 1940.

Dorka, die in einer Mischehe lebt, bleibt zwar davon verschont – wie etwa die mit Nichtjuden verheirateten Jüdinnen im Deutschen Reich – geht aber dennoch freiwillig mit ins Ghetto. Im Jahre 1940 bieten die Mischehen dem jüdischen Ehepartner noch relativen Schutz. Das ändert sich.

Ihr Mann will die ganze Familie mit allem Notwendigen unterstützen. Dies geht eine Zeitlang gut, dann wird er entdeckt, verhaftet und schwer gefoltert. Er verschwindet in einem KZ. Die

Mutter stirbt nach zwei Jahren aufgrund der elenden Lebenssituation im Ghetto.

Im Januar 1944 wird Dorka zusammen mit Vater und Geschwistern nach Auschwitz verbracht. Dort erlebt sie auf der Rampe die Selektion. Sie kommt nach links, ihr Vater und alle Familienangehörigen nach rechts, in den Tod. Sie verbringt zwei Wochen im Freien mit einer Gruppe von ca. zwanzig Menschen unter furchtbaren Bedingungen.

Dann werden sie alle nach Hamburg-Sasel verfrachtet und nach einigen Monaten schwerster körperlicher Anstrengung von den Engländern befreit und in das ehemalige KZ Bergen-Belsen transportiert.

Dort findet sie zufällig ihren Ehemann wieder, den sie fünf Jahre nicht gesehen hat und tot glaubte.

Die beiden gehen 1946 nach Frankfurt am Main, wo Dorka am 4. Oktober 2007 stirbt. Sie hat ihren Mann um zwanzig Jahre überlebt.

Ich kannte sie schon seit Jahren flüchtig. Diese elegante Dame fiel mir bei Geburtstagsfeiern im Haus gemeinsamer Freunde, bei Hauskonzerten oder einfach in der Stadt auf. Aber wir kamen uns erst näher seit meiner Israelreise. Dass sie eine polnische Jüdin ist, wusste ich. Aber ihre Geschichte, wie sie den Holocaust überstanden hat, erzählt sie mir bei einer Einladung zu sich nach Hause. Ich fange mit der üblichen Frage nach ihrer Lebensgeschichte an, um alles von ihr zu erfahren.

Nach langem Schweigen beginnt Dorka tief atmend sofort mit ihrem Lebenstrauma.

„Ich bin 1914 in Lodz geboren und im Januar 1940 dort ins Ghetto gekommen. Bis 1944 im April. Befreit worden von den Engländern bin ich in Bergen-Belsen.

Also, 1939 fing der Krieg an. Das hat sich für uns so bemerkbar gemacht, dass wir Juden, meine ganze Familie, die in der Stadt gewohnt haben, mussten umziehen in die schlechtesten Viertel von Lodz, das hat geheißen Balute und dort war das Ghetto. Vor dem Krieg bin ich nie in diesem Stadtviertel gewesen. Jeder Lodzer weiß, was das ist. Und als es geheißen hat, der Russe kommt, da hat man uns nach Auschwitz ausgesiedelt.

Wir haben gemusst arbeiten im Ghetto. In verschiedenen Ressorten. Das waren früher jüdische Fabriken gewesen, die Ressorten. Wir mussten für die deutsche Wehrmacht arbeiten. Es gab verschiedene Abteilungen. Anfangs habe ich im Büro gearbeitet.

Wir haben einmal in der Woche eine Zuteilung von Brot, Kartoffeln, Steckrüben bekommen. Man musste dafür Geld verdienen. Man hatte da so ein Ghettogeld. Es gab das Rumkowski-Geld, das war der Name des Judenältesten, und mit diesem Geld musste man die Zuteilungen bezahlen.“

Dorka umreißt bereits im ersten Gespräch sehr genau die Tragödie, die sie als junge Frau erlebt hat. Sie lässt sofort wissen, wie sie befreit worden ist, wohl um den Druck der schicksalsschweren Erzählung besser aushalten zu können.

Ihre bürgerliche Herkunft und ihren bürgerlichen Stolz macht sie deutlich durch ihren guten sprachlichen Ausdruck. Deutsch hatte sie schon in der Schule gelernt. Auch ihre Meinung von guten und schlechten Stadtvierteln und ihre Tätigkeit im Büro des Ghettos beweisen dies. Das Thema „Auschwitz" geht in einem Halbsatz beinahe unter. Es ist zunächst kein Thema. Sie macht erst die Schrecken des Ghettos Litzmannstadt deutlich, das sie vier Jahre erdulden musste.

Ihr Leben im Ghetto

Der erste Bruch in ihrem Leben kommt mit der gewaltsamen Umsiedlung ins Ghetto in Lodz. Sie verlässt ihre schöne Wohnung in Lodz und ihren Mann aus Liebe zu den Eltern und Geschwistern.

> *„Ich hatte meine eigene Wohnung und hatte nicht gewohnt mit meinen Eltern. Ich war ja schon verheiratet. Meine Eltern wohnten in einer ganz anderen Straße. Ich hatte am 5. Mai 1934 geheiratet. Im Ghetto habe ich aber wieder zusammen mit meinen Eltern gewohnt, weil ich dort ja keine eigene Wohnung bekommen habe. Ich wollte nicht allein mit fremden Leuten wohnen.*
>
> *Aber anfangs konnte ich noch rausgehen und meinen Mann treffen. Das Ghetto war vielleicht einen Monat noch relativ offen.*
>
> *In meiner schönen Wohnung musste ich alles liegen und stehen lassen. Man hatte so ein kleines Wägelchen, da konnte man ein paar Kleidungsstücke und ein paar kleine Gegenstände mitnehmen. Viele christliche Männer haben sich damals von ihren jüdischen Frauen scheiden lassen. Mein Mann aber nicht.*
>
> *Ich wollte meine Eltern und meine jüngeren Geschwister nicht im Stich lassen und bin mit ihnen gegangen und bei*

ihnen geblieben. Ich hatte allerdings am Anfang noch arische Papiere und hätte, als das Ghetto noch offen war, mit meinem Mann fortgehen, mich vielleicht irgendwo verstecken können. Das habe ich nicht gemacht.

Ich habe dort viel gearbeitet. Wenn man besonders hart gearbeitet hat, noch zusätzlich etwa Militärhosen gebügelt hat, dann gab es eine Extraration. Meine Mutter war sehr krank und ich wollte, dass sie etwas zu essen hat. Der Hunger war sehr groß. Ich habe durch das Bügeln von Militärhosen eine extra Portion Suppe und Brot bekommen. Die hat meiner Mutter aber nicht lange geholfen. Aufgrund des Hungers hat sie Tuberkulose bekommen und ist dann 1943 gestorben.

Niemand konnte sich vorher das Leben im Ghetto, das ein Dahinvegetieren war, vorstellen.

Mein Mann war ja auch in Lodz, aber er war kein Jude und musste nicht ins Ghetto. Er hat sich aber immer hineingeschlichen, hat sich den Davidstern angesteckt und hat versucht, uns zu helfen. Man hat ihn aber schnell denunziert und so wurde er wegen Rassenschande verhaftet. Als er wieder rausging, wurde er auf der polnischen Seite verhaftet. Er war erst in verschiedenen Gefängnissen und dann kam er ins KZ Neuengamme und wurde auch gefoltert. Zum Schluss nach Bergen-Belsen, da ist er, wie ich, befreit worden.

Er hatte sehr viel Charakter. Er hat alles für mich gemacht. Wir hatten eine gemeinsame Zunge und haben uns eben verstanden. Das war es.“

Als sie das Ghetto noch verlassen konnte, um ihren Mann zu treffen, war sie dazu nicht fähig, ihre Eltern und Geschwister im

Stich zu lassen. Die Schilderung des Lebens im Ghetto ist geprägt von Schuld- und Dankbarkeitsgefühlen den Eltern gegenüber. Sie nutzt die Chance nicht, mit den Eltern unterzutauchen. Das lastet schwer auf ihr.

Es gibt keinerlei Angaben aus der Jugendzeit. Sie betont lediglich ihre gute Schulbildung und das gepflegte Elternhaus, wo man großen Wert auf eine gepflegte polnische Sprache und auf die Fremdsprachen Deutsch, Englisch und Französisch sowie eine musikalische Ausbildung gelegt hat.

Dorka teilt mit, dass sie im Ghetto zunächst im Büro arbeiten konnte, wo es trocken, warm und sauber war, und dass sie zusätzlich Militärhosen für die Wehrmacht gebügelt hat.

In Dorkas näherer Bekanntschaft gab es keine polnischen Freunde, die irgendwie der Familie hätten beistehen können. Viele Polen waren damals sehr antisemitisch eingestellt. Und außerdem scheinen Dorka und ihre Familie sehr souverän, unabhängig von anderen und vor allem in jüdischen Kreisen gelebt zu haben.

1944 sei dann ein hoher Offizier in alle Ressorts gekommen und sagte ihnen, sie sollten keine Angst haben und würden alle nach Deutschland zur Arbeit ausgesiedelt.

Aber sie sind alle nach Auschwitz gekommen.

„Wir haben im Lodzer Ghetto überhaupt nicht gewusst, dass ein Auschwitz existiert. Weil Lodz hat gehört zum Reich. Aber ins Lodzer Ghetto sind Tausende gekommen aus dem Protektorat, von anderen Städten. Die hatten das wohl gehört.

Wir waren dagegen total isoliert. Wir hatten keine Zeitungen, kein Radio, nichts. Die im Warschauer Ghetto hat-

ten mehr Informationen, denn sie hatten Kontakt zu der polnischen Bevölkerung.

Die haben gesagt, man tut dort Menschen umbringen, aber wir haben das nicht geglaubt und haben gesagt, die spinnen ja."

Und dann unter freiem Himmel in Auschwitz

Die mehr als vier Jahre im Ghetto, von Hunger und schwerer Arbeit erfüllt, haben Dorka geprägt. Durch eine Lüge kommt sie schließlich nach Auschwitz, was ihr Trauma im Krieg wird.

„Man hat uns nach Auschwitz ausgesiedelt und hat uns in Viehwaggons reingesteckt. Ein paar hundert Menschen. Es war eine wahnsinnige Hitze im September. Ich war mit meinem Vater, mit dem kleinen Bruder, meiner Schwester mit ihrem kleinen Kind. Da stand ein Eimer mit Wasser. Und man hat uns eine Portion Brot gegeben. Wir standen so gedrängt, dass das Wasser gleich umkippte und das Brot verdarb. Es gab auch bald Tote im Waggon. Die Strecke von Lodz über Kattowitz nach Auschwitz ist nicht einmal so weit, vielleicht 200 km.

Aber man hat uns drei Tage etwa im Waggon dorthin gefahren. Einen ganzen Tag sind wir irgendwo stehengeblieben. Und man hat uns rausgelassen für eine Zeit. Und dabei hat man uns das, was wir noch hatten, auch weggenommen.

Bei der Ankunft in Auschwitz-Birkenau war die Selektion. Die Männer mussten auf die eine Seite, die Frauen auf die andere.

Von weitem habe ich schon Frauen mit rasierten Köpfen rumlaufen sehen und mit so komischen Kleidern. Da haben wir gesagt, um Gottes Willen, was ist denn das? Es hat doch geheißen, wir kommen nach Deutschland. Man hat uns belogen, wir haben wirklich nicht gewusst, was und wo Auschwitz ist.

Wir haben unter uns gesagt, das muss doch ein Irrenhaus sein, das kann doch nicht normal sein. So hat es ausgesehen.

Als man hat uns reingebracht, selbstverständlich hat man uns erst die Köpfe abrasiert. Ich habe wunderschöne lange Haare gehabt.

Vom Ghetto kann ich Ihnen noch sagen, ich habe einen Kollegen gehabt, welcher hat gearbeitet im Schuhressort. Und ich brauchte ein Paar Schuhe.

Und da hab ich ihm das Brot, welches ich hab bekommen für eine ganze Woche, gegeben. Ich hab eine Woche fast gehungert und hab nur von den Steckrüben gelebt.

Das waren so zwei Laibe Brot, um braune geschnürte Schuhe zu bekommen. Aber wenn man hat mir den Kopf rasiert, hat sie [eine KZ-Wärterin, Anm. d. Verf.] mich geschlagen, weil ich hab fürchterlich geweint, ich hatte doch schließlich keine Läuse. Da hab ich die Schläge bekommen, sie hat mir noch die Schuhe weggenommen. Ich hab sie gefragt, warum nehmen Sie mir noch die Schuhe weg? Wir kommen doch nach Deutschland, da muss ich doch haben meine Schuhe. Ich hab doch eine Woche dafür gehungert. Daran kann ich mich jetzt genau erinnern. An alles kann ich mich nicht mehr so erinnern.

Also, wenn wir nach Auschwitz gekommen sind, da haben wir nicht so einen Block bekommen zum Wohnen, weil, es war kein Platz für uns.

Man hat uns auf ein Feld nebenan geführt. Dort hat es fürchterlich geregnet. Und da hat man immer versucht, dass einer auf dem anderen liegt.

Wir waren doch nicht richtig angezogen. Eigentlich waren wir fast ganz nackt. Ich habe mir gesagt, wenn ich mich noch erkälte und Lungenentzündung bekomme, dann bin ich ganz erledigt. Da sind vielleicht zehn Personen auf mir gelegen. Ich bin etwa zehn bis zwölf Tage dort in Auschwitz gewesen. Aber nicht in einem Block, dort war kein Platz für uns."

War Ihre Familie in Auschwitz noch dabei?

„Also, als die Selektion war, wenn man uns hat separiert in Männer und Frauen, da haben wir schrecklich geschrien. Da habe ich plötzlich meinen Vater mit dem kleinen Bruder nicht mehr gesehen. Meine Schwester hat doch ihr kleines Kind auf dem Arm gehabt. Ihr Mann, ein großer blonder Mann, war auch dabei. Sie möchten nicht glauben, dass das ein Jude war. Dann habe ich noch mitgekriegt, wie er auf meine Schwester zuläuft und sagt, Ruschka, gib das Kind weg.

Wahrscheinlich, weil er dachte, die Kinder kommen in ein spezielles Lager. Obwohl, er hat gemusst wissen, was passiert. Aber er hat wohl gedacht, wenn sie überlebt, wird sie noch andere Kinder haben. Aber meine Schwester hat gesagt, kommt nicht in Frage, ich geb' kein Kind weg.

Und so ist meine Schwester mit dem Kind in den Ofen gekommen.

Meinen Schwager habe ich auch nicht mehr gesehen.

Ich habe geschrien, Papa, Papa, weil ich meinen Vater plötzlich auch aus den Augen verloren habe. Aber auch ihn habe ich seit der Separierung nie mehr gesehen.

Da standen die Menschenmassen und das Militär war dazwischen.

Das Schreien war so groß, das kann man sich gar nicht vorstellen. Das war alles noch draußen auf der Rampe, bevor man ist reingekommen. Ringsherum Stacheldraht, die Aufseher und Aufseherinnen. Wir haben uns ständig gefragt, wo ist das denn hier eigentlich, wo sind wir?

Dann sagt jemand, guck mal, da ist so viel Rauch! Ich war mit einer Freundin zusammen und wir haben uns ständig an den Händen gehalten und haben gesagt: Was ist denn das für ein Rauch?

Wir haben doch nicht verstanden, dass das Krematorien sind. Das ist wahr.

Dann hat man uns schließlich reingelassen ins Lager Birkenau und man musste nach rechts und links abtreten. Und man hat uns gezählt. So wie Dollars. Nur gezählt, wie viel da sind. Wer nach rechts und warum nach links, kann ich Ihnen nicht mehr sagen. Ich bin dahin gekommen, wo man uns hat rasiert, wo man uns die gestreiften Kleider gegeben hat. Man hat seine persönlichen Sachen abgeben müssen und man hat uns ganz nackt ausgezogen. Man hatte keine Unterwäsche an. Nur das gestreifte Kleid und die Schuhe, die überhaupt nicht passten und schmerzten.

Sie können sich vorstellen, wie eine Frau sieht aus mit dem rasierten Kopf noch dazu. Ich habe mich an meiner Freundin festgehalten und sie sich an mir und sie sagte, Dorka, bist du das? Man sah ganz fremd aus.

Die haben geschrien: Aus! Aus! Glauben Sie, man hat zu uns gesagt, ziehen Sie sich bitte aus?"

Hier beginnt Dorka zu schreien. Ihre Stimme überschlägt sich. Fassungslosigkeit über die eigene Schilderung bricht sich Bahn.

Erst nach langer Pause kann sie weitersprechen.

„Das war doch so ein Schock, dass man sich da nackt ausziehen musste. Das konnte man gar nicht begreifen. So was kann man einfach nicht begreifen. Warum denn ausziehen vor fremden Leuten? Und warum vor Männern? Und ich weiß heute nicht mehr, ob ich rechts oder links laufen musste."

Und wieder schweigt sie. Ich frage sie: „Und wohin wurden Sie dann geschickt?"

„In einen großen Duschraum. Nicht wo Gas war, sondern wo normales Wasser war."

Dorka verliert die Fassung erneut. Dann fängt sie sich aber doch wieder.

„Da hat es furchtbar gestunken. Vielleicht war es das Desinfektionsmittel. Und dann bekam man die schrecklichen Häftlingskleider. Manche waren auch zerrissen.

Jeder hat das alles befolgt, was die sagten. Man hat sich doch nicht können dagegenstellen. Wissen Sie, heute sagen die jüdischen Kinder in Israel oder sonst wo auf der Welt, wir lassen uns nicht so abschlachten wie unsere Großeltern.

Die zwölf Tage in Auschwitz-Birkenau haben wir nicht gearbeitet. Wir sind nur auf der Erde gesessen und haben täglich ein Stück Brot bekommen.

Von Hygiene war da überhaupt keine Rede.

Aber nein, das kann man sich heute überhaupt nicht mehr vorstellen. Wo wir saßen, waren auch unsere Toiletten und von Waschen überhaupt keine Spur. Deshalb gab es Typhus und alle möglichen anderen Krankheiten.

Wir haben auch andere Häftlinge dort gesehen, aber unsere Gruppe blieb doch immer für sich.

Wir haben dort schon gewusst, dass diejenigen, die bei der Selektion auf die andere Seite kamen, getötet wurden. Überhaupt war der Gestank vom Töten und von den Leichen so stark, dass man es kaum aushalten konnte. Ich bin per Zufall nicht in das Krematorium gekommen. Warum, weiß ich nicht.“

Dorka hat sich genau einige Details gemerkt, wohl unbewusst, um später davon Kenntnis zu geben. Sie berichtet wenig emotional und bemüht sich sehr um Sachlichkeit. Noch im Jahr 1944 wird sie mit ihrer Gruppe zum Arbeitseinsatz abtransportiert und kann Auschwitz-Birkenau wieder verlassen.

Arbeitseinsatz im KZ

„Dann hieß es, wir kommen nach Hamburg. Dann sind wir erst nach Harburg gekommen. Man hat uns vorläufig dort in Kasernen untergebracht. Nebenan waren Kasernen mit Soldaten. Es gab dort nachts große Bombardements.

Hamburg hatte ein paar hundert Lager. Die Zentrale war Neuengamme.

Von dort kam das Essen und die Kleidung. Das war ein Männerlager. Also, in Harburg hat uns dann die Wehrmacht übernommen, ältere Leute. Sasel gehörte zu dem Männerlager Neuengamme, wo Hinrichtungen für Vergehen oder Ungehorsam von Männern und Frauen stattfanden, aber es gab dort keine Krematorien.

In Poppenbüttel-Sasel waren wir etwa 500 Frauen.

Dort kamen wir in Baracken, die die Wehrmacht für uns gebaut hat. Vorher waren dort irgendwelche Schuppen, in denen man die Zigeuner festhielt, bevor man sie in Auschwitz umbrachte.“

Im Arbeitseinsatz des KZ musste sie sehr schwere und niedere Arbeiten verrichten.

„Morgens auf dem Weg zur Arbeit, es waren etwa 12 km, hat es immer geregnet und es war kalt. Da merkte ich, dass ich mein Augenlicht verliere. Und manchmal hat sich alles vor meinen Augen gedreht. Mir war ganz schwindlig.

Eine von den Tschechinnen war Ärztin. Und eine andere fragte mich, ob ich einen Geliebten hätte. Überhaupt waren die Tschechinnen und Slowakinnen sehr gemein und haben uns immer polnische Schweine genannt. In den ersten Tagen dort in Sasel, bevor wir zur Arbeit eingeteilt worden waren und immer nur frierend und hungrig auf unserer Pritsche herumlagen, hatten wir mitbekommen, wie sie sich mit den Kappos oder den Soldaten aus der Männerkaserne nebenan vergnügten und für diese Essen kochten. Zu dieser Tschechin sagte ich dann, kannst du mich mal zur Ärztin bringen, ich sehe so schlecht. Abends, nach der Arbeit durfte ich zu dieser und als sie meine Augen untersucht hatte, meinte sie, mir fehle nur Brot. Aber sie könne mir keins geben. Meine Augennerven seien vor lauter Hunger so schwach geworden.

Die älteste Aufseherin war eine Frau Römer. Da war noch eine Frau Müller, eine Lydia, alles Deutsche, ordinäre, laute SS-Frauen. Diese Frau Römer war ziemlich ruhig. Sie war die Einzige, die etwas Bildung gehabt hatte. Außerdem war sie mit einem Offizier verheiratet.

Sie hatte eines Sonntags gehört, wie ich singe. Ich hatte damals eine sehr schöne Stimme und habe besonders schön ein Herbstlied gesungen.

Da nahm sie mich mit in ihre Unterkunft und gab mir ein Stück Brot mit Wurst. Sie hat mir auch manchmal Kuchen sonntags, wenn sie aus Hamburg zurückkam, gebracht. Oder sie hat mich gefragt, wenn ich wieder für sie gesungen hatte, was ich mir wünsche. Und dann hat sie mir mal eine Zahnbürste und Zahnpasta gebracht.

Man hat also in Sasel angefangen zu arbeiten. Und zu essen gab es täglich eine dicke Suppe. Dort haben wir auch Unterwäsche bekommen, so grobes Zeug, Hosen und ein Hemd und einen Mantel, denn es war schon sehr kalt. Für die Füße nur Holzschuhe. Ich hatte welche, die bestimmt

Gr. 40 waren, ich habe aber Gr. 36. Damit konnte ich überhaupt nicht laufen. Ich bekam Schwielen und Geschwüre und rieb mir die Haut ab. Zwar hatte man auch für den Winter Strümpfe, aber die rutschten doch immer runter, weil man keinen Gürtel hatte. In den Mantel musste man sich am Rücken ein Loch ausschneiden und Stoff mit einer anderen Farbe einsetzen, damit sie uns, wenn wir wegliefen, von weitem erkennen würden.

Morgens beim Appell um 5 Uhr wurde man gezählt. Und es wurden die verschiedenen Arbeiten verteilt. Die Frauen haben sich um die Arbeiten geschlagen, wofür man dann auch extra Suppe bekam.

Weil ich immer beim Appell hinten stand, auch im Lager, habe ich immer die schlechteste Arbeit und am wenigsten Essen bekommen. So musste ich in Hamburg in bombardierten Häusern die Eisen herausschleppen und Lageraufbau machen.

Lageraufbau bedeutete, dass wir die Betten richtig machen mussten. Die Betten bestanden aus Strohsack und einer Kolter und diese musste gerade gelegt werden. Ich hatte eine Baracke mit nur 10 Betten. Dann mussten wir den Hof und dann die Toiletten sauber machen. Weil ich sehr fleißig war, kam mal die Frau Römer, die Vorgesetzte im Lager, auf mich zu und sagte: ‚Weil Sie so tüchtig sind, Dorka, werden Sie ab heute die Wäsche für die Damen machen.'

In der Küche holte ich einen Bottich mit heißem Wasser und musste die Nylonwäsche waschen. Dann sagte sie mir, ich muss die Toilette für die Damen machen, weil ich so tüchtig sei. Das war immerhin eine Innentoilette, die ich reinigen musste, während man aus den Häftlingstoiletten die Fäkalien heraustragen musste auf ein Feld und in einem Loch vergraben. Das war schwere Arbeit für mich. Schwerer als auf der Baustelle.

Der Chef dieses Lagers in Sasel war ein Hauptmann der SS mit einem schmalen, großen Körper und einem asketischen Gesicht. Als wir zum ersten Zählappell dastanden, sagte er zu uns: Töchter aus Zion, das ist hier kein KZ, sondern ein Arbeitslager. Ich werde versuchen, euch Essen zu geben. Ich verlange von euch Gehorsam und gute Arbeit.“

Dorka bemerkt eines Tages, dass ihre Augen immer schlechter werden, und wird einer Ärztin vorgeführt. Diese schickt sie zum Hauptmann.

„Am nächsten Morgen beim Appell, ich war ja nur eine Nummer, die ich heute sogar vergessen habe, tätowiert hat man uns nicht mehr, dazu war es schon zu spät, da ruft sie meine Nummer und ich solle aus der Reihe herausgehen. Und die Mädchen sagten zu mir, Dorka, was ist los? Ich sagte, ich weiß es nicht, mir hat man nichts gesagt.

Ich bekam Angst, was mir jetzt wieder passieren würde und dachte, vielleicht sterbe ich ja gleich. Als alle abgetreten waren, blieb ich also stehen und diese Frau Römer kam zu mir und sagte, wie heißen Sie bitte? Ich antwortete, Dorka. So, warten Sie hier einen Moment. Ich bringe Sie gleich zum Hauptmann. Sie sagte Sie!

Sie ist rausgegangen, als er hereinkam. Ich war bestimmt so weiß wie die Wand. Und da sagt er zu mir, setzen Sie sich doch. Ich habe mich gesetzt.

Er fragte, sprechen Sie deutsch? Und ich sagte ja. Woher kennen Sie die deutsche Sprache? Ich sagte, ich bin aus Lodz und vielleicht wissen Sie das, die Deutschen haben Lodz gebaut und schon in der Volksschule hat man Deutsch gelernt. Und sogar mein Vater hat einen deutschen Teilhaber gehabt. So habe ich ihm gesagt. Er fragte, sind Sie verheiratet? Haben Sie Kinder?

Dann sagte er zu mir: ‚Aber eins sollen Sie mir beantworten: Ist es wahr, dass es in Auschwitz Krematorien gibt?'

Ich bin sehr erschrocken und wusste nicht, was ich ihm antworten solle. Ich habe Angst bekommen.

Er (streng): ‚Sie brauchen keine Angst zu haben, sagen Sie es mir.'

Und ich sagte schüchtern: ‚Ja.'

Er darauf: ‚Und für so was halten wir unsere Köpfe hin? Und diese SS-Huren!' So hat er gesagt, obwohl er auch SS war.

Ich sitze da und kann kein Wort mehr sagen. Mit einmal ruft er die Frau Römer herein und sagt, ab heute bekommt dieser Häftling, und deutet auf mich, eine doppelte Ration Brot und Suppe. Sie geht nicht zur Arbeit, bis sich die Augen etwas erholt haben. Sie bleibt aber im Lageraufbau bei den drei Frauen dort. Ich habe mich bedankt und bin rausgegangen. Er hat nicht Heil Hitler gesagt, auch nicht, als er hereinkam.

Da waren auch Aufseherinnen, aber ich kann Ihnen sagen, die Frauen sind schlimmer als die Männer.

Eines Tages merkte ich, dass zwischen uns tschechische Jüdinnen als Aufseherinnen sich befanden. Die hatten einige

Privilegien bei den Deutschen und trugen graue Kleidung, statt gestreifte. Und außerdem hatten sie ihre Haare.“

Dorka bemerkt trotz Apathie in der verzweifelten Situation, in der sie sich befindet, die Unterschiede zwischen den Frauen.

Sie spricht nun zum ersten Mal von ihren Emotionen:

„Ich hatte immer Angst vor Schlägen gehabt. Sogar in Auschwitz. Mit Ludka, meiner Freundin, bin ich immer ganz hinten gestanden. In Auschwitz gab es oft keine Suppe mehr, bis ich an der Reihe war. Vorne wollte ich nie stehen, denn die Kappos sind einfach so mit Peitschen durchgelaufen und haben in die Reihen hineingeschlagen. Und ohne Haare so auf die Köpfe schmerzt noch viel mehr.

Manche Mädchen hatten mehr zu essen, etwa die, die in Metzgereien arbeiteten, haben abends manchmal ein paar Därme mitgebracht. Und das war schon sehr gut.

Wenn die Aufseherinnen uns morgens zur Arbeit durch die Stadt führten, fragten manchmal Leute aus der Bevölkerung, was sind das für Frauen mit den abrasierten Köpfen? Und die sagten dann, wir wären alle Prostituierte aus Polen. Unter uns waren Lehrerinnen, Musikerinnen.“

Aufgrund ihres Augenleidens kann Dorka vorerst im Lager bleiben.

„Immerhin war ich im Lageraufbau unter einem Dach, während ich sonst immer bei der Arbeit vom Regen durchnässt worden war. Nach der Arbeit konnte ich in die Küche gehen,

um Kartoffeln zu schälen für die SS-Leute und für uns. Und in der Baracke bei uns durfte ich ab 4 Uhr Feuer machen.

Die Mädchen kamen erst um 6 Uhr von der Arbeit. In unserer Baracke waren wir sehr sauber. Da hatte niemand Läuse. Die Mädchen waren mir sehr dankbar, dass ich ihnen Feuer gemacht habe. Und dass da heißes Wasser war.

So habe ich mich etwas erholen können durch die doppelte Ration Suppe und Brot. Ich musste zwar im Lageraufbau auch schwer arbeiten, aber ich habe dann doch zugenommen. Und meine Augen wurden wieder gut.

Ich bin dort in Sasel gewesen, bis man uns nach Bergen-Belsen gebracht hat.“

Dorka zeigt noch nach einem halben Jahrhundert eindeutig Respekt dem Hauptmann und Offizier gegenüber. Er verkörperte als Angehöriger der ganz Europa beherrschenden Wehrmacht das Organ der Diktatur:

„Der Hauptmann, der so gut zu mir war, bekam nach kurzer Zeit einen Befehl nach der Ostfront. Und nach ein paar Tagen hieß es, man habe ihn erledigt. Die Weiber haben ihn denunziert, weil er war ein anständiger Kerl. Dieser Hauptmann hat mir das Leben gerettet.“

Ebenso ist sie verwundert und gleichzeitig dankbar über die Freundlichkeit der Frau mit Namen Römer.

„Nach der Befreiung sind wir von den Engländern ganz genau gefragt worden, wie wir behandelt worden sind. Und ich habe gesagt, dass Frau Römer mich gut behandelt hat.“

Das Kriegsende

„Auf jeden Fall wurden wir am 15. April dort von den Engländern befreit. Dort habe ich per Zufall meinen Mann wieder getroffen."

„Wie kam das?", frage ich sie völlig überrascht.

„Ich bin dort mit einer älteren Frau auf einer Pritsche gelegen. Zwei sind immer auf einer Pritsche gelegen. Sie war auch aus Lodz und sehr nett zu mir. Sie hat nach der Befreiung dort ihren Bruder wieder gefunden. Da kamen viele Männer hin, um nach Familienangehörigen zu fragen.

Eines Tages kam ihr Bruder. Belsen war das Lager, Bergen war die Stadt. Die ganze Bevölkerung, so haben es die Engländer verlangt, sollte sich das Lager anschauen. Weil doch niemand angeblich etwas gewusst hat.

Wissen Sie, ich war so krank, dass ich keine Kraft hatte, von der Pritsche runterzugehen. Die anderen Frauen sagten immer, wenn Du liegen bleibst, dann wirst du noch mehr krank werden.

Da kam eines Tages dieser Bruder von meiner Pritschennachbarin und sagte, weißt du, neben mir auf der Pritsche liegt ein sehr netter Kerl, ein Pole, der aber Paratyphus hat. Er hat eine jüdische Frau, die er irgendwann wiederzufinden hofft. Ich habe gefragt, wie der Pole wohl heißt, aber er wusste es nicht.

Und eines Tages kam er plötzlich an meine Pritsche mit meinem Mann. Ich hatte ja keine Ahnung. Ich hatte wohl gesagt, dass ich meinen Mann schon 5 Jahre nicht mehr ge-

sehen habe. Und dieser Pole dachte wohl, ich würde meinen Mann nicht mehr finden. Er hatte mir einen Heiratsantrag gemacht. Er war Friseur von Beruf. Ich hätte ihn aber sowieso nicht geheiratet.

Ich lag auf dem Bett, weil ich Dysenterie hatte. Er hat seine Schwester und mich besucht. Und er hat den anderen einfach so mal mitgebracht.

Und das war mein Mann. Das war vielleicht ein Geschrei und Geweine!

Das war ein Riesenglück. Aber es hat sich dann gleich herausgestellt, dass er offene Tuberkulose hat. Und dann mussten wir uns wieder für ein Jahr trennen."

Nach der Befreiung gehen Dorka und ihr Mann nach Frankfurt am Main, weil da die Amerikaner waren. Sie wollten eigentlich nach USA auswandern, denn dort lebten zwei Brüder ihrer Mutter. Aber sie haben nie von ihnen Antwort bekommen. Sie wollten wohl nichts mit ehemaligen Häftlingen zu tun haben.

Auf diese Weise sind sie in Frankfurt geblieben. Als sie dort ankamen, haben sie erst bei der Bahnhofsmission geschlafen. Dann gingen sie nach Zeilsheim, wo es ein jüdisches Lager war. Essen erhielten sie von der UNRRA,[58] denn sie waren doch Displaced Persons.

Nach dem Krieg, etwa 1952, hat Dorka mit ihrem Mann jene Frau Römer besucht. Sie hatte von den Engländern keinen ein-

58 UNRRA = United Nations Relief and Rehabilitation Administration war eine Hilfs- und Wiedereinsetzungsorganisation der Vereinten Nationen. 1943 von 44 Regierungen gegründet, oblag ihr nach dem Zweiten Welt die Versorgung der aus ihrer Heimat ins Ausland verschleppten oder deportierten Personen, der Displaced Persons.

zigen Monat Gefängnis bekommen. Manche haben viele Jahre bekommen. Der Nachfolger des Hauptmanns 18 Jahre und alle anderen Aufseherinnen auch viele Jahre.

Dorka hat sich in den folgenden Jahren nicht sehr intensiv mit ihren Erlebnissen und Traumata auseinandergesetzt. Sie ist wieder in den Zug des Lebens eingestiegen und hat sich vom Leben geholt, was sie versäumt hat. Sie bemüht sich vor allem um sachliche Äußerungen und eine kühle, distanzierte Sprache.

Filme zu ihrer durchgestandenen Problematik wollte sie nie sehen, außer „Schindlers Liste". Dass sie heute normal lebe und nicht verrückt geworden sei bei dem allem, dass sie ins Theater, auf Reisen, zum Essen oder sonst wohin gehen kann, das wundere sie. Auch dass sie so alt geworden sei. Sie kann es manchmal nicht fassen.

Aber das Schrecklichste war für sie Auschwitz-Birkenau und die Krematorien.

> *„Unsere Würde wurde uns total genommen, nicht nur die Würde als Mensch, sondern als Frau. Und es gibt immer noch Deutsche, die sagen, das ist alles nicht wahr.*
>
> *Aber mir ist ein großes Wunder geschehen, dass ich meinen Mann wiedergetroffen habe. Und das, was wir zusammen oder er wegen mir erlebt hat, das hat uns zusammengeschweißt. Ich lebe jetzt noch und muss mit meinen Erinnerungen leben."*

FRAUEN BEIM INTERNATIONALEN MILITÄRTRIBUNAL (IMT) IN NÜRNBERG

Nach dem Zweiten Weltkrieg wurden zum ersten Mal in der modernen Geschichte Politiker, Militärs und NS-Funktionäre für die Planung, Vorbereitung, Einleitung und Durchführung eines Angriffskrieges und Verbrechen an der Zivilbevölkerung strafrechtlich zur Verantwortung gezogen. Dieser Prozess war der erste der dreizehn Nürnberger Prozesse. Er dauerte vom 20. November 1945 bis zum 1. Oktober 1946 und fand im Justizpalast in Nürnberg statt. Die Angeklagten und zahlreiche Zeugen wurden im angrenzenden Zellengefängnis inhaftiert.

Während des Hauptkriegsverbrecherprozesses war eine große Anzahl von Frauen und Männern als Dolmetscher und Übersetzer, Linguisten genannt, in ständigem Einsatz.

Ein vergleichbares Aufgebot an Menschen, die sich bei einer Konferenz oder einem Tribunal lediglich mit der Transformation von Sprache im Allgemeinen und von fast allen europäischen Sprachen im Besonderen zu beschäftigen hatten, gab es vorher noch nie.

Bis 1918 hatten französisch sprechende Berufsdiplomaten die Aufgabe des Übersetzens wahrgenommen. Danach änderte sich dies grundlegend.

Die Geheimdiplomatie sollte aufhören, denn sie galt als Ursache des Krieges. Man verhandelte, nun gleichsam transparent für die Öffentlichkeit, auf großen internationalen Konferenzen.

Es wurde dabei von Übersetzer und Übersetzerin erwartet, dass sie möglichst unauffällig arbeiteten und nicht etwa durch häufiges Zwischenübersetzen die Atmosphäre der Vertraulichkeit unterbrachen.

Keine internationale Konferenz findet dann auch in neuester Zeit ohne Konsekutiv- und seit Nürnberg ohne Simultandolmetscher statt.

Dabei ist zu unterscheiden zwischen dem Dolmetschen, das historisch gesehen älter ist, und dem Übersetzen. Es sind zwei völlig verschiedene Formen der Wiedergabe eines ausgangssprachlichen Textes in eine Zielsprache. Als wesentlichen Unterschied nennt der Sprachwissenschaftler Henri van Hoof: „Le traducteur est celui qui traduit par la plume, l'interprète celui qui traduit par la parole."[59]

Der US-Hauptankläger Telford Taylor spricht in seinen Erinnerungen lobend über die Qualität der Linguisten.

Die nachfolgenden Gespräche geben am Beispiel zweier Frauen, einer russischen Simultandolmetscherin und einer amerikanischen Übersetzerin, Einblick in ihre Erfahrungen und Beobachtungen als Zeitzeuginnen des Gerichtsgeschehens in Nürnberg.

Der Angehörige des Auswärtigen Amtes Dr. Paul Schmidt, persönlicher Dolmetscher und Übersetzer von Adolf Hitler, der selbst als Zeuge nach Nürnberg geladen wurde, erwähnt besondere Probleme der Übersetzertätigkeit:

> „Ganz besonders interessierte mich natürlich das neue telefonische Übersetzungssystem, das bei den Rundfunkkommentatoren so viel Aufsehen erregte. Die Schwierigkeit, dieses Übersetzungssystem auch für Deutsch anzuwenden, liegt in der besonderen Satzkonstruktion, durch die sich Deutsch von allen anderen bei internationalen Konferenzen gebräuchlichen Sprachen unterscheidet.
>
> Da im Deutschen das Zeitwort aber oft erst am Ende eines manchmal ziemlich langen und verschachtelten Sat-

---

59 Der Übersetzer arbeitet mit dem Stift in der Hand, der Dolmetscher mit dem gesprochenen Wort.

> zes folgt, bei der französischen oder englischen Wiedergabe aber unmittelbar nach dem Hauptwort gebraucht wird [...], entstehen hier rein zeitlich fast unüberwindliche Hindernisse. Oder dass der Dolmetscher zum Diktator über den Redner gemacht wird.
>
> So konnte jeder Dolmetscher durch einen Druck auf den Knopf sämtliche Redner auffordern, langsamer zu sprechen oder anzuhalten. In diesen Fällen leuchtete eine gelbe oder rote Lampe vor den Betreffenden auf."[60]

Auch auf peinliche technische Pannen der gesamten Simultananlage hätten die Anwesenden im Gerichtssaal gerne verzichtet. So etwa am 30. September 1946 bei der Verkündung von Görings Todesurteil, als die Anlage einfach ausfiel, genau an jenem Tag, als der offizielle Teil dieses welthistorischen Prozesses zu Ende ging.

Die riesengroße Anzahl von Dolmetschern[61] und Übersetzern war in ständigem Einsatz. Sie waren die ersten Simultandolmetscher überhaupt und mussten sich schnell in diese neue und ungewohnte Arbeit einfügen.

Im Gerichtssaal 600 befand sich ab Oktober 1945 die Amerikanerin Jane Lester. Sie war gerade in Nürnberg angekommen und hörte interessiert zu, beobachtete konzentriert Angeklagte, Ankläger, Verteidiger, Journalisten, Publikum und vor allem die Simultandolmetscher hinter der Glaswand. Jede Aussage musste in jedem Moment gleichzeitig in allen vier Prozesssprachen abrufbar sein.

60 Schmidt 1949: 14.

61 Die männliche Form wird hier als allgemeingültige Form für beide Geschlechter gebraucht.

Bei Zeugenaussagen kamen noch andere Sprachen hinzu. Zwischen den Dialogpartnern saßen die zwei Dolmetscher, die sich aus den verschiedensten Gründen im einen oder anderen sprachlichen Ausdruck irren bzw. auch verhören konnten, wodurch die Aussagen zu manchen Missverständnissen führten.

Die amerikanische Übersetzerin Jane Lester fragte sich etwa, ob man „Sonderbehandlung" wirklich mit „Final Solution" übersetzen könne.

Die Übersetzer saßen in mehreren Räumen am Rande der Arena, auf die die Welt damals mit Spannung blickte, und kämpften sich mühsam durch dicke Akten. Fast fünfzig Druckseiten des Gerichtsprotokolls umfassten die Schlussworte der Angeklagten am 31. August 1946, dem letzten Tag der Beweisaufnahme.

Alles musste übersetzt werden, manchmal sogar mehrfach, weil da und dort Änderungen gemacht wurden. Die Übersetzer kamen kaum nach.

Vorher gab es Zeiten des Leerlaufs, in denen die Übersetzer auf Akten warteten und währenddessen auf den begehrten Plätzen im Gerichtssaal saßen, um das Geschehen zu verfolgen und sich einzuhören.

Ich hatte die Freude, die in Russland bekannte Simultandolmetscherin Tatiana Sergeevna Stupnikova persönlich kennen zu lernen und durfte mich ihre Freundin nennen, und mit der amerikanischen Übersetzerin und Mitarbeiterin eines der Hauptankläger, nämlich Dr. Robert Kempners, verband mich eine jahrelange Bekanntschaft.

Die Übersetzerin – Jane Lester

Die amerikanische Übersetzerin und Augenzeugin des Gerichtsgeschehens in Nürnberg **Jane Lester** lernte ich zufällig in der Nähe meines Wohnortes, in Oberursel bei Frankfurt, kennen. Der bekannte Autor mehrerer Standardwerke zur NS-Zeit und vor allem zum Bombenkrieg, Jörg Friedrich, den ich auf einer historischen Konferenz traf, brachte uns zusammen.

Als Übersetzerin in Nürnberg war sie im Gerichtssaal 600 die passiv Beobachtende. Ihre eigentliche Arbeit spielte sich vor und nach den Verhandlungen ab.

Die junge Amerikanerin machte ähnliche Beobachtungen mit den damals so berühmt-berüchtigten Angeklagten, wie die im Gerichtssaal aktive russische Simultandolmetscherin Tatjana Sergeevna Stupnikova.

Jane Lester, geboren 1914 in Kane, Pennsylvania, war von 1937–1939 in Hamburg als Englischlehrerin tätig. Ab November 1945 arbeitete sie bis zum Schluss als Übersetzerin beim IMT in Nürnberg und als Assistentin von Dr. Robert Kempner. Die Zusammenarbeit mit ihm dauerte bis zu seinem Tod im Jahr 1993. Ihren Beruf gibt sie mit „research analyst" an.

Ich besuche sie in ihrer Wohnung in der Nähe Frankfurts. Sie hat ihre Erlebnisse über ihre Tätigkeit in Hitlerdeutschland in ihrer Autobiografie verarbeitet und spricht gern über ihre Zeit beim IMT in Nürnberg.

Im Gespräch mit ihr erfahre ich viel über den Prozess in Nürnberg.

„Der Justizpalast war mein Arbeitsplatz. Ich war für viele Bereiche zuständig: Übersetzungen machen, Akten auf ihre Brauchbarkeit hin durchsehen und anderes mehr. In den USA hatte ich schon einen ‚government job' und hatte im War Department bereits Forschungsarbeiten über Kriegsverbrechen gemacht.

Meine Arbeit in Nürnberg begann sofort. Ich erinnere mich, dass die ersten Papiere, die mir in die Finger kamen, die Dokumente des ehemaligen Reichsbankpräsidenten Schacht waren. Ständig brachten unsere Soldaten LKW-weise neues Material nach Nürnberg. Von überall her: aus Bergwerken, Archiven, Schlössern. Aus allen Teilen des früheren Großdeutschen Reiches.

Der ganze NS-Staat war sozusagen dokumentiert. Darin waren die Nazis ja Meister. Aber für uns war es ein Chaos.

Überall lagen Aktenstöße bis zu den Decken hoch. Das war alles durchzuforsten im Hinblick auf seine Relevanz für den Prozess.

Man hatte die Leute in Gruppen eingeteilt für Themenbereiche wie Landwirtschaft, juristische Belange, Verwaltung und viele mehr, etwa zwanzig verschiedene.

Wir haben das Archiv angelegt, registriert, abgestempelt, katalogisiert. Von den Dokumenten mussten Kopien angefertigt werden. Die Übersetzersektionen waren nach Themen geordnet. Ich war in verschiedenen Gruppen tätig.

Vieles, das schon übersetzt war, musste stilistisch in eine bessere Form gebracht werden.

Alles, was in den Gerichtssaal ging, sollte perfekt sein."

Da Jane Lester weiß, dass mich besonders ihre Übersetzungsarbeit interessiert, fragt sie mich plötzlich:

„Wie würden Sie denn übersetzen: ‚Von jetzt an, und auch nach außen hin, steht mein Gedächtnis zur Verfügung.'"

Ich schaue sie verdutzt an und überlege, was mir wohl eingefallen wäre, und sofort wird mir die Schwierigkeit dieser Tätigkeit klar.

Da musste der psychologische Kontext stimmen. Das war extrem wichtig.

Wollte denn der geheimnisvolle Angeklagte Rudolf Heß jetzt endlich auspacken, nachdem er monatelang geschwiegen hatte? Unsicher schaue ich meine Gesprächspartnerin an. Sie sagt lächelnd:

„Das musste schnell gehen und in den Gerichtssaal gebracht werden. Ich rätselte zuerst herum, was das bedeuten solle. So würde man doch nicht sprechen. ‚Sie können mich ab jetzt fragen', würde man doch eher sagen. Das meinte er doch wohl."

Jane Lester hat damals viele wichtige Dokumente übersetzt. Das vielleicht interessanteste für sie war das „Protokoll der Wannseekonferenz", die Mitschrift von der „Besprechung über die Endlösung der Judenfrage" vom 20. Januar 1942, als 15 hochrangige

Nazis zusammenkamen, um die Deportation aller europäischen Juden in den Osten und ihre Vernichtung zu organisieren.

Während ihrer Tätigkeit für den Hauptkriegsverbrecherprozess bekam sie schon früh Kontakt zu einem der stellvertretenden Hauptankläger, nämlich Dr. Robert Kempner. Mit ihm und für ihn arbeitete sie bei den Nachfolgeprozessen, als seine Assistentin und Übersetzerin.

Wie war Jane Lester Überhaupt nach Nürnberg gekommen?

Sie hatte schon Ende der dreißiger Jahre viele Monate als Englischlehrerin in Hamburg gearbeitet und konnte gerade noch rechtzeitig vor Kriegsausbruch in die Vereinigten Staaten zurückkehren.

Im Sommer 1945 las sie in der Washington Post eine Annonce, die besagte, dass Leute für den Prozess gesucht würden. Sie war nicht unbedingt daran interessiert, wieder nach Deutschland zu gehen. Aber:

> *„Ich rannte sofort hin, denn das Gehalt erschien mir sehr gut."*

Die deutsche Sprachprüfung habe sie leicht bestanden. Ihr Job in Nürnberg sollte mit Sprachen zu tun haben, mehr wusste sie nicht. Ob dolmetschen oder übersetzen, war völlig unklar. Sie sagt:

> *„Der Krieg war vorbei, Nürnberg war das Zentrum der Welt. Und das zählte für mich, dort wollte und musste ich sein."*

Dann unterschrieb sie einen Vertrag für sechs Monate. Aber jeder glaubte, schon nach sechs Wochen würde der große Prozess zu Ende sein.

Am 17. Oktober 1945 flog sie mit der US-Army von Washington nach Paris, von da ging es mit dem Zug nach Frankfurt am Main. Und dann wurde ihre kleine Gruppe, fünf Frauen und drei Männer, alle im militärischen Rang eines Majors, mit einem „command car" nach Nürnberg gebracht. Die Fahrt und die Ankunft dort hat sie in unguter Erinnerung.

> *„Ab Frankfurt gab es nur Schutt, Trümmer und Ruinen zu sehen. Nürnberg erschien mir in all den Schuttbergen wie eine Geisterstadt. 90 Prozent der deutschesten aller Städte, wie das Adolf Hitler zu sagen pflegte, war zerstört, etwa 70 Prozent der Bevölkerung verschwunden.*
>
> *Aus der ehemaligen Nazi-Hochburg sind viele Bürger geflohen und wohl auch aus schlechtem Gewissen in andere Gegenden gezogen, bei Verwandten untergekommen oder einfach im Bombenhagel gestorben. Die Stadt war leer.*
>
> *Wenn wir sonntags auf dem Schutt spazieren gingen, sagten wir immer, wir gehen jetzt über Leichen. Denn die vielen Toten lagen ja noch darunter.*
>
> *Die US-Army hat damals die Stadt verwaltet. Überall liefen Menschen aus anderen Ländern herum. Viele Tschechen fanden Arbeit als Bedienungspersonal. Nürnberg galt als Magnet. Da konnte man Dollars verdienen. Die Jobs waren gut bezahlt. Das hatte sich überall in der Welt herumgesprochen."*

Aber Jane Lester betont auch, dass viele Amerikaner aus Interesse an der Sache kamen, nicht nur des Geldes wegen. Sie erzählt:

> *„Gleich nach meiner Ankunft in Nürnberg bin ich so schnell wie möglich in den Hauptgerichtssaal mit der Nr. 600 gegangen. In jeder freien Minute ging ich dann hin. Man musste sich dafür ein Ticket besorgen. Mein erster Eindruck war Erstaunen darüber, wie normal und harmlos die Verbrecher aussahen. Ich hatte irgendwie Blut an ihren Händen erwartet.*
>
> *Jeder starrte Heß an. Ich auch. Jeder wollte sehen, ob er verrückt war. Aber das konnte man ja nicht sehen.*
>
> *Viele Leute kamen, um zu schauen. Ich weiß noch, wie aufgeregt einige deutsche Stenotypistinnen, die unter dem Dach untergebracht waren, sich äußerten. Ich hatte guten Kontakt zu ihnen. Und eines Tages kamen sie außer sich zu mir, um mir etwas zu zeigen: Von ihrem Arbeitsplatz konnten sie auf die Stelle hinuntersehen, wo die Gefangenen spazieren gingen.*
>
> *Dort hielt sich auch Göring gewöhnlich auf.*
>
> *‚So sehen Sie doch nur, da ist er‘, sagten sie ganz aufgelöst zu mir.“*

Der große Prozess war im Oktober 1946 zu Ende.

Da hatten aber die Vorbereitungen für die Nachfolgeprozesse schon längst angefangen. Nürnberg war in ständiger Bewegung.

Jane Lester bleibt noch.

> *„Viele meiner Landsleute, Linguisten wie ich, sind damals nach USA zurückgegangen. Mehrere von ihnen zur UNO.*

Ich aber konnte meinen guten Job behalten, weil Dr. Kempner einige Leute suchte. Wir hatten dann viel mit dem Wilhelmstraßenprozess zu tun.

Dr. Kempner war erst im September 1939 als Hitlerverfolgter in die USA emigriert. Er stammte aus Berlin. Und Göring persönlich war es doch gewesen, der ihn, den Chefjustitiar der preußischen Polizei, aus dem Ministerium hinausgeworfen hatte."

Was hat sie in Nürnberg während der Zeit der Prozesse insgesamt um meisten beeindruckt, möchte ich von ihr wissen.

Und sie sagt in ihrer spontanen, vitalen Art:

„Wissen Sie, man musste sehr viel arbeiten. Diese Monumentalität der Dokumente, die einen beinahe erschlug, hatte auch etwas Außergewöhnliches an sich. Und ich habe dort sehr viele qualifizierte, interessante Leute getroffen.

Ich denke zum Beispiel an Lord-Richter Lawrence, der dort den Ton, die Stimmung machte. Er prägte die menschliche Atmosphäre. Man hatte Respekt und Hochachtung vor ihm. Das bemerkte man sogar bei den Hauptangeklagten, besonders bei Göring. Mit welchem Interesse sie ihm zuhörten, wie sie sich verhielten, wenn er sprach, das war schon etwas Besonderes.

Ich halte es für ein Privileg, in Nürnberg dabeigewesen zu sein. Bei einer der größten Prozeduren des zwanzigsten Jahrhunderts. Ich stimme voll und ganz Dr. Kempner zu, der sagte, dass ‚der Nürnberger Gerichtssaal die größte politologische und historische Forschungsstätte, die jemals existiert hat, gewesen ist'.

Wo sonst wurde ein Staat so systematisch durchforscht wie in diesem Prozess? Das Resultat ist, dass der Holocaust niemals vergessen wird. Nürnberg wird immer wichtig sein als Beispiel für die Zivilisation.

Für die ‚Human Rights'. Diese Worte werden seitdem großgeschrieben. Dieser Prozess war ein historisches Laboratorium. Er hat die Wiedergutmachung bewirkt. In ihm ist Geschichte ausgebreitet worden. Der Aggressor ist benannt und bestraft worden. Dadurch konnte der Staat Israel so schnell geschaffen werden. Nürnberg ist ein Begriff, wie kein anderer."

Und begeistert erzählt mir Jane Lester noch, wie sie im Oktober 1996 beim fünfzigjährigen Jubiläum der amerikanischen Nürnberger über ihre damalige Tätigkeit im Stab von Dr. Kempner gesprochen hat.

Als ich mich schließlich an der Tür ihrer Wohnung von meiner Gesprächspartnerin verabschiede, sagt sie in ihrem amerikanisch gefärbten Deutsch mit Ironie in der Stimme zu mir:

„Ist es nicht fantastisch, was Adolf für uns gemacht hat? Wir beide haben uns kennengelernt und wir und andere treffen sich immer noch, um über ihn zu sprechen."

Die Simultandolmetscherin – Tatiana Sergeevna Stupnikova

Tatiana Sergeevna Stupnikova wurde 1923 in Moskau geboren, lebte mit ihren Eltern – der Vater war Chemiker – einige Jahre in Berlin, wo sie die Schule besuchte und gut Deutsch lernte.

Die Eltern wurden 1936 als „Volksfeinde“ verhaftet und die Mutter für sechs Jahre nach Sibirien deportiert, der Vater kam in das berüchtigte Butyrka-Gefängnis in Moskau.

Im Großen Vaterländischen Krieg war Tatjana als Dolmetscherin an der Front. Nach dem sowjetischen Sieg war sie unter General Shukov bei der SMAD (sowjetische Militäradministration in Deutschland) in Berlin-Karlshorst tätig. Später arbeitete sie in Moskau als Bibliothekarin und auch bis zu ihrem Tod als Dolmetscherin und Übersetzerin.

Tatiana Sergeevna Stupnikova war meine persönliche Dolmetscherin auf der historischen Konferenz in Krasnogorsk bei Moskau.

Es war kurz vor der Jahrtausendwende, aber ich sehe das Bild noch genau vor mir, als jene in viele bunte Röcke gekleidete und, wie mir schien, steinalte Frau direkt vor mir die große Freitreppe des Moskauer Hotels hinunterkugelte, sich überschlug, unten kurz liegen blieb und dann aufstand, als sei nichts gewesen.

Mir stockte der Atem, ich dachte erst, sie sei womöglich tot. Sie aber lebte, richtete beim Aufstehen umständlich ihre vielen Röcke und, als ich schon neben ihr stand, bückte sie sich noch und schlüpfte in einen viel zu großen Schuh, den sie beim Sturz verloren hatte. Sie ging gar nicht auf meine besorgten Fragen nach ihrem Befinden ein und sagte in lupenreinem Deutsch:

> *„Das kommt davon, dass ich die Schuhe meiner Großmutter trage."*

An den folgenden Tagen ließ ich diese Frau nicht mehr aus den Augen. Ich blieb an ihrer Seite und wollte sie vor weiteren Stürzen beschützen. Wir stiegen zusammen in den Bus, der alle Teilnehmer der historischen Konferenz außerhalb von Moskau nach Krasnogorsk ins „Memorialmuseum der Deutschen Antifaschisten" brachte, dem Zentrum der Antifa-Schule, wo die Konferenz stattfinden sollte, zu der man mich eingeladen hatte. Das Thema hieß: „Nationalkomitee Freies Deutschland und Gefangenschaft deutscher Soldaten."

Ich selbst sollte zum Thema „Angst und Hoffnung in deutschen Soldatenbriefen aus sowjetischer Gefangenschaft" sprechen.

Es stellte sich heraus, dass diese so wunderlich gekleidete Alte mir zugeordnet war als meine persönliche Dolmetscherin und Übersetzerin. Ich hatte mir die Frau aus Moskau, die mir drei

Tage zur Seite stehen sollte, völlig anders vorgestellt – irgendwie jünger, moderner, intellektueller – und war sehr überrascht über diese „Babuschka".

Die russischen Teilnehmer der Konferenz – vorwiegend Männer – schienen sie gut zu kennen und behandelten sie mit großem Respekt. Sie fanden wohl nichts besonders Auffälliges an ihr, machten sich auch weiter keine Gedanken um ihren Treppensturz oder die Schuhe ihrer Großmutter.

Als ich mich vorsichtig nach ihrer Herkunft erkundigte, erklärte man mir, sie sei die beste Simultandolmetscherin von ganz Russland. Ja, im Großen Vaterländischen Krieg habe sie sogar als die beste der ganzen Sowjetunion gegolten. Man nannte sie die Meisterin der Kunst des Übersetzens und eine wahre Vertreterin der russischen Intelligenzia.

Ich war sprachlos!

Und nach kurzer Zeit, während sie mich „mit Leib und Seele" übersetzte, wie sie immer wieder betonte, stellte sich heraus, dass ich es mit einem sensiblen, hochintelligenten, wissenschaftlich erfahrenen, literarisch informierten und unwahrscheinlich liebenswerten Menschen zu tun hatte. Unsere Sympathien waren gegenseitig.

Und sie sagte beim Abschied, wie wenn sie eine Rede halten würde, zu mir:

> *„Liebe Rosemarie, Deine Gedanken stimmen mit meinen erstaunlich überein. Mit ganzem Herzen habe ich mich der Übersetzung Deines Vortrags hingegeben. Er stand mir vom Inhalt her so nahe. Es ist ein seltener Zufall, dass die Ideen und Gedanken des Vortragenden den Gefühlen und*

Gedanken des Übersetzers nahe stehen. Das ist mir noch nie passiert."

Wir lernten uns kennen. Wir freundeten uns an, korrespondierten und telefonierten und trafen uns wieder in Moskau, im Haus der Schriftsteller und in einem kaukasischen Restaurant. Unser Gedankenaustausch hat sich über mehr als zehn Jahre erstreckt.

Schließlich konnte ich sie dazu bewegen, ihre Lebensgeschichte niederzuschreiben. Zu meinem Erstaunen tat sie dies dann auf Russisch, obwohl sie ein gutes und gepflegtes Deutsch in manchmal etwas umständlichen und altmodischen Formulierungen beherrschte.

Dazu sagte sie mir in einem Gespräch:

„*Ich meine, dass bestimmte Episoden meines Lebens in russischer Sprache zu Papier gebracht werden wollen, andere dagegen dringend nach der deutschen Sprache verlangen. Gleichzeitig in zwei Sprachen zu schreiben ist sehr schwierig.*"

Und noch detaillierter äußerte sie sich in einem Tonbandbrief:

„*Die deutsche Sprache, mit der ich mich im Verkehr mit Dir bediene, ist und bleibt für mich eine angelernte Fremdsprache.*

Einen Text zugleich in zwei Sprachen zu schreiben ist auch für erfahrene Autoren eine sehr schwierige Aufgabe.

Was nun die Übersetzung der eigenen Erzählung aus dem Russischen ins Deutsche oder umgekehrt aus dem Deutschen ins Russische betrifft, so kostet das sehr viel Zeit.

Ich kann mich von dem Gedanken nicht befreien, dass Du meine aufrichtigen russischen Worte in meiner Übersetzung ins Deutsche zu hören bekommst und dass meine Ausdrucksweise in deutscher Übersetzung Dir vielleicht fremd sein wird."

Im Grunde interessierte mich die ganze bewegte Lebensgeschichte dieser so außergewöhnlichen Frau, die den Großen Vaterländischen Krieg an vorderster Front mitgemacht hatte, ihre Kindheit in Moskau, ihre Jugendzeit in Berlin, ihr Schicksal als Tochter von „Volksschädlingen" – ihre Eltern waren jahrelang in irgendwelchen sibirischen Straflagern verschwunden – aber damals, als ich sie kennenlernte und sie meine Konsekutiv-Dolmetscherin war, wollte ich von ihr nur Dinge über ihre Tätigkeit als Simultandolmetscherin auf dem ersten großen Prozess in Nürnberg, dem Internationalen Militärtribunal (IMT) hören.

Zunächst zögerte sie, weil sie bisher nur Verwandten von dieser bedeutenden Zeit ihres Lebens erzählt hatte. Und ich machte mir klar, dass ihre anfängliche Vorsicht und ihr Zögern sicher noch die Wurzeln in den Erlebnissen mit der stalinistischen Diktatur hatten.

Aber dann siegte ihr Vertrauen zu mir und sie erzählte:

„Es war sehr kalt und windig an einem Januarabend des Jahres 1946, ich erinnere mich genau, als der Vertreter des Volkskommissars des NKVD Berija, General Serov, höchstpersönlich mich, die Dolmetscherin des Stabs der sowjetischen Militärverwaltung in Deutschland (SVAG), zu sich bat und kurz und bündig sagte: ‚Man hat mir berichtet, dass Sie in der Lage sind, Simultanübersetzungen durchzuführen.

Das ist ein Befehl! Morgen reisen Sie nach Nürnberg und in einem Monat werden Sie zurück sein."'

Darin hatte sich der General wie alle anderen Organisatoren des Prozesses gründlich getäuscht, denn der Prozess hat nicht einen Monat, sondern ein Jahr, vom 14. November 1945 bis zum 1. Oktober 1946, gedauert.

Und Tatiana, meine Freundin, war nicht nur Zeitzeugin, sie war sogar Augenzeugin. Sie hatte alle diese Nazi-Schergen, eben noch als Hitlers Paladine mächtig und unnahbar, hautnah erfahren und erzählte mir noch in Krasnogorsk und später in ihren Briefen von den „*menschlichen Erlebnissen und den Gefühlen*" mit ihnen:

> „*Ich war 22 und sehr aufgeregt am ersten Tag, als wir durch die nicht enden wollenden Gänge dieses Justizpalastes gingen. Und die Arbeit war sehr schwer, sie erforderte höchste Anspannung und Konzentration der psychischen und physischen Kräfte. Die uns vorgelegten Dokumente riefen das blanke Entsetzen hervor. Und die Zeugenaussagen über die unglaublichen Verbrechen, die diese Nazi-Elite begangen hatte, ließen alle Anwesenden im Gerichtssaal 600 erstarren.*"

Tatiana betonte immer wieder in unseren Gesprächspausen, dass sie diesen Prozess in Nürnberg für ein einmaliges historisches Ereignis halte, denn hier sei das verbrecherische Handeln eines totalitären Staates ans Tageslicht geholt und bestraft worden.

Und sie selbst, die betagte Frau, die Russin, die Moskowiterin, die Bibliothekarin, die Simultandolmetscherin in Nürnberg sage nach mehr als einem halben Jahrhundert **nichts als die Wahrheit**.

Natürlich interessierte mich vor allem ihr Eindruck von den Angeklagten. Ihre Dolmetscherkabine befand sich, „nur" durch eine dicke Glaswand getrennt, praktisch neben den beiden Sitzreihen der Angeklagten und so konnten ihr weder Mimik noch Gestik dieser Verbrecher entgehen.

Sie äußerte sich mir gegenüber folgendermaßen, als ich sie fragte, wie sie sich denn diese Nazi-Elite im Gerichtssaal vorgestellt habe:

> *„Meine Fantasie zeichnete die Anführer des Dritten Reiches, wenn nicht gerade als Missgeburten, so doch als Menschen, deren Äußeres durch besondere Merkmale gekennzeichnet war. Irgendwie stellte ich sie mir mit Blut an den Händen vor. Es konnte gar nicht anders sein. Aber auf der Anklagebank, hinter der hölzernen Barriere, saßen völlig normale Menschen, die man, wäre man ihnen auf der Straße begegnet, kaum beachtet hätte."*

Zunächst habe sie mit Neugierde Kaltenbrunner und Streicher beobachtet, erzählte Tatiana. Diese Henker der schrecklichsten Gräueltaten, die beide an sich keine arisch aussehenden Männer gewesen seien, sondern hässliche Zwerge, hätten sich aber als Kompensation mit blonden hübschen Ehefrauen geschmückt.

Auf jeden Fall sei ihr Interesse für alle Angeklagten groß gewesen und ihr besonderes Augenmerk fiel auf Baldur von Schirach, der ein angenehmeres Äußeres gehabt habe und sehr konzentriert gewesen sei. Sie informierte sich zehn Jahre nach dem Prozess, als sie längst in Moskau Bibliothekarin geworden war und die Leitung der Lenin-Bibliothek innehatte, noch einmal über das Leben der Familie von Schirach, indem sie der Autobiografie der Henriette von Schirach viel Aufmerksamkeit schenkte. Dieser Bericht habe ihr Antwort auf viele Fragen nach den Beziehungen der Nazi-Prominenz untereinander gegeben.

Immer wieder betonte sie im Gespräch, dass die Simultandolmetscher nur Statisten auf der politischen Bühne gewesen seien, und bisher habe sich niemand für die psychologischen Befindlichkeiten dieser Statisten interessiert, kein Historiker und kein Politiker.

Die Angeklagten habe sie selbst aber genau beobachtet und ihr schien wichtig, herauszufinden, wer der wichtigste Angeklagte sei.

Und das sei schnell für alle im Saal klar gewesen, *„dass der zweite Mann im Dritten Reich sich in den Angeklagten Nr. 1 verwandelt hat"*, nämlich Hermann Wilhelm Göring:

> *„Man sah, dass er stolz war, eine führende Stellung im Prozess zu haben und zu den wichtigen Fragen zur Organisation von Staat und Partei immer seinen Kommentar abgeben durfte"*,

flüsterte mir Tatjana beim Essen im Moskauer Schriftstellerhaus zu.

Und er habe die anderen Gefangenen am Anfang sehr beeinflussen können und ihnen regelrecht befohlen, *„nichts Schlechtes über Hitler zu sagen"* oder *„alles zu leugnen"*.

Das habe sich aber im Verlauf des Prozesses geändert. Auch sei sie nach dem Prozess immer wieder von russischen oder deutschen Bekannten nach Görings Verhalten ausgefragt worden. Das Interesse an seiner Person sei riesengroß gewesen.

Und dann erzählte sie mir noch in einem der Tonbandbriefe eine beinah unglaubliche Episode, die sie selbst mit Göring erlebt hat:

> *„An einem heißen Sommertag Anfang August 1946 eilte ich durch den Korridor zum Gerichtssaal zu unserem Dolmetscher-‚Aquarium'.*
>
> *Man konnte durch eine Seitentür am Ende des Korridors hineinkommen. Wir mussten auf unserem Arbeitsplatz sein, wenn der Gerichtsdiener ‚Aufstehen! Das Gericht kommt' rief.*
>
> *An diesem Tag hatte ich mich verspätet. Aus irgendeinem Grund rannte ich, ohne etwas um mich herum zu bemerken. Und ich nahm alle meine Kraft zusammen, um nicht zu spät zu kommen.*
>
> *Plötzlich rutschte ich auf dem glatten Boden aus, flog durch die Schwerkraft ein Stück und wäre sicherlich gefallen, wenn mich nicht ein großer und kräftiger Mann aufgefangen hätte.*
>
> *Das Ganze dauerte wahrscheinlich einige Sekunden, die mir wie eine Ewigkeit vorkamen. Als ich wieder zu mir kam und die Augen auf meinen Retter richtete, erschien direkt über mir das lächelnde Gesicht Hermann Görings, der mir gerade noch ‚Vorsicht, mein Kind!' ins Ohr flüsterte.*
>
> *Ich erinnere mich, dass vor Entsetzen alles in mir gefror.*
>
> *Hinter Göring stand ein amerikanischer Wachhabender, der auch aus irgendeinem Grund lächelte. Ich weiß nicht,*

wie ich zur Tür ins Aquarium gelangte. Auf jeden Fall war ich die letzte Frau in den Armen von Hermann Göring.“

Zum Glück, wie sie sagt, hatten das wenige mitbekommen und auch niemand fotografiert. Denn das hätte das Ende ihrer Arbeit in Nürnberg bedeutet. Und wer weiß, welche Bestrafung sie hätte erleiden müssen. Deshalb sei sie absolut vorsichtig und immer in großer Angst gewesen, nur immer alles richtig zu machen und nicht aufzufallen, denn die sowjetischen Spitzel seien überall gewesen. Und erst nach mehr als fünfzig Jahren habe sie es gewagt, davon zu sprechen.

Sie habe in Nürnberg viel gelernt. Vor allem sei es ihr wichtig, auszusprechen, dass ihr der Umfang der Verwandtschaft zwischen den beiden totalitären Systemen des 20. Jahrhunderts erst in Nürnberg so richtig klar wurde. Das wäre für sie, die in Jahrzehnten die Spielregeln der leninistisch-sozialistischen Diktatur gelernt habe, nicht leicht gewesen.

Tatianas Buch ist in Russland mit großem Interesse gelesen worden. Leider waren durch verlagsinterne Querelen nur wenige Exemplare verfügbar.

Erinnerung nach einem halben Jahrhundert

Tatiana Sergeevna Stupnikova nennt ihr Buch eine autobiografische Erzählung. Sie hat sich für eine längere Zeit trotz schwerer Krankheit in den schmerzhaften Prozess des Wiederdurchlebens und Wiederdurchleidens all der Höhen und Tiefen begeben, die ihr schweres arbeits- und entbehrungsreiches Leben ausmachten.

Wie schwere Steine lagen ihr die Erinnerungen auf der Brust. Sie musste sich davon befreien. Und mein Anstoß öffnete Schleusen.

Und sie wollte wahrhaftig und gut fundiert schreiben und hat sich lange dabei in Prozessakten, wissenschaftlicher Literatur und Memoirenliteratur vertieft, um der Erinnerung nachzuhelfen.

Ihr Langzeitgedächtnis hat auch ihre körperlichen Erinnerungen gespeichert und es gelingt ihr, dem Leser **nichts als die Wahrheit** über das Erlebten wie auch über den Druck ihres Leidens und Fühlens zu vermitteln.

Tatiana Sergeevna Stupnikova wollte ihr Buch als Aussöhnung der beiden Völker, des russischen und des deutschen, verstanden wissen, da ja beide unter einer Zwangsherrschaft – Nationalsozialismus und Stalinismus – leben mussten und sich grausam bekriegten.

Sie wollte ein deutsch-russisches Buch haben, in welchem sie ihre Lebensgeschichte erzählte. Mit meinen Kommentaren und historischen Informationen. Unsere beiden Texte sollten gleichzeitig auf Deutsch und Russisch im Buch erscheinen.

Leider hat diese Idee nach vielen Bemühungen meinerseits in Deutschland keinen Verlag interessiert. Jedoch motivierte ich Tatiana immer wieder, ihre Erinnerungen erst mal allein auf Russisch oder Deutsch niederzuschreiben.

Ihr Buch, in welchem sie Zwiesprache mit mir hält, erschien dann schließlich 1998 in Moskau. Das Manuskript einer deutschen Übersetzung, die von einer kompetenten Russischlehrerin angefertigt wurde, hat man ihr vorgelegt. Sie aber konnte es sprachlich nicht akzeptieren und fühlte sich nicht richtig verstanden. Aufgrund ihrer Krankheit gab es dann nur noch wenige telefonische Kontakte danach. Sie starb am 1. Februar im Jahr 2005.

Von mir als ihrer Freundin und „Mitverschwörerin bei diesem großen Erinnerungsvorhaben" tief enttäuscht, fühlte sie sich sogar verraten, weil ich es nicht fertiggebracht hatte, einen deutschen Verlag für unser gemeinsames Werk zu interessieren. Einen Verlag, der sich für sie viel Zeit genommen, sie eingeladen und alles nach ihren Wünschen organisiert und veranlasst und vielleicht auch ihre armselige wirtschaftliche Situation aufgebessert hätte.

Vielleicht ist es mir aber nun posthum gelungen, durch diese Worte ein wenig Interesse und Anerkennung für die Lebensleistungen dieser ehrenwerten russischen Kriegsveteranin zu wecken.

Und ich bin froh, dass ihre Erinnerungen nun auch deutschen Lesern zugänglich sind und zitiere aus einem ihrer letzten Briefe ihre hoffnungsvollen auf die Zukunft gerichteten Worte:

> *„Meine liebe Freundin Rosemarie, die Erinnerungen liegen in meinem Gedächtnis wie schwere Steine in fließendem Wasser der Gegenwart.*
>
> *Was sind für die nachgeborenen Generationen die Namen Berija, Himmler u. a.? Sie gehören der Vergangenheit an.*
>
> *Und ich als Augenzeugin des IMT, des ersten Nürnberger Prozesses, die noch zufällig am Leben ist, versuche meine persönlichen Erlebnisse in einer bestimmten Situation zu erinnern.*
>
> *Manchmal frage ich mich, ob ich das wirklich war und ob der deutsche Leser mich verstehen wird. Trotzdem bin ich überzeugt, dass es den jungen Deutschen einen gewissen Nutzen bringen würde, die Gefühle und die Gedanken eines damals jungen russischen Menschen und noch dazu eines ehemaligen Feindes zu den historischen Ereignissen der Vergangenheit kennenzulernen."*

Schlussbetrachtung

Zu Wort kamen in dieser Studie Frauen, Augenzeuginnen der Geschehnisse, die als Zeitzeuginnen zur Verfügung standen und zugänglich waren durch ihre eigenen Äußerungen. Bei ihnen handelte es sich um ein Aufeinanderprallen von unterschiedlichsten Interessen, Dispositionen und Lebensstilen. Die Frauen haben mir ihre Biografie mit all den Schwierigkeiten und Nöten anvertraut, damit ich ihr Handeln im Krieg verstehen konnte.

Es war festzustellen, dass das autobiografische Gedächtnis der alten Frauen nicht nach der historischen Wahrheit fragte, sondern Kenntnis gab von einer persönlichen Wahrhaftigkeit oder einer Authentizität, die durch eigene Anschauung und Lebenserfahrung ihren Wert und ihre Gültigkeit besitzt.

Schauplatz der zehn Selbstpräsentationen war das 20. Jahrhundert, ein Zeitalter ideologischer Auseinandersetzungen zwischen Ost und West und geprägt von zwei Weltkriegen, die massive kulturelle und sozialökonomische Spannungen mit sich brachten.

Zunächst ist Folgendes festzustellen, was die deutsche Verstrickung und das Leben in der Nachkriegszeit des nationalsozialistischen Vernichtungskrieges gegen Juden, Polen und Sowjets betrifft:

Überlebensstrategie statt Lebensentwurf ist das Gesetz der Krise. Und der Krieg ist Krise. Als Gegenwehr auf die von Männern oft geäußerte These, dass die Frauen Hitler an die Macht gebracht hätten, steht die von Margarete Mitscherlich vertretene These, dass Frauen nicht aus eigener Motivation heraus die antisemitische und antirassistische Ideologie vertraten, sondern sich den Männern angeschlossen hätten.[62]

Ein prominentes Beispiel ist hier Magda Goebbels, die ihre sechs Kinder als Kindsmörderin par excellence des 20. Jahrhunderts eigenhändig umbrachte.

Was ist den zehn unterschiedlichen Frauenbiografien gemeinsam, was unterscheidet sie? Hat der Krieg sie geprägt und verändert, ihnen genutzt und sie möglicherweise sogar emanzipiert?

Der Krieg hat alle zehn Frauen zumindest verändert. Der Krieg ist das Böse an sich und er ist die Zäsur in ihrem Leben. Er ist der Bruch und die Formung in den weiblichen Biografien und hat sie, ob beabsichtigt, gewollt oder nicht, emanzipiert. Selbstverwirklichung ist die Nebenerscheinung, die sie mehr oder weniger alle in der Nachkriegszeit nutzen konnten.

Auf unterschiedliche Art und Weise haben sie den Krieg erlebt.

Von allen Frauen konnten besonders die Wehrmachthelferinnen den meisten Nutzen aus dem Krieg ziehen, den wenigsten die jüdischen Frauen, die der direkten Gewalt unterworfen waren. Für die adligen Frauen ist durch den Krieg eine Welt untergegangen. Er hat sie in ihren persönlichen, durch die Herkunft bedingten Anlagen stark gemacht. Sie können ihr persönliches Leid dem allgemeinen, auch dem jüdischen Leid, unterordnen.

Für die russischen Frauen war der Krieg in der Retrospektive eine politisch wichtige Zeit. Denn vorher herrschte der willkürliche „Große Terror“, Stalins mörderische Verfolgungskampagne, die Menschen auf Nimmerwiedersehen verschwinden ließ.

62 Mitscherlich 1985: 156 ff.

Im „Großen Vaterländischen Krieg“ waren sich Bevölkerung und Regime einig: Es ging um die Tötung des Krieges. Alle arbeiteten gemeinsam für die Befreiung der Heimat.

Nach meiner Erfahrung in den Gesprächen gab es von Seiten der russischen Frauen keine Solidarität mit jenen Tausenden deutscher Frauen, die die Rotarmisten vergewaltigten. Auch Catherine Merridale, eine auf die Sowjet-Geschichte spezialisierte britische Historikerin, berichtet mit fassungslosem Erstaunen: „Die Frage wurde übergangen, keine Stellung genommen, nur ein mitfühlendes Nicken des Kopfes war in den Gesprächen mit ihnen sichtbar, als Zeichen, dass sie wussten, um was es ging.“[63]

Die Erlebnisse der Frauen lassen erkennen, dass deren weibliche Rolle generell wichtigen geschlechtsspezifischen Modifikationen unterworfen war. Der Ausschluss von Frauen aus kriegerischen Handlungen und ihre Beschränkung auf typisch weibliche Bereiche (Frau im Haus) ist nicht mehr aufrecht zu erhalten.

Die gesellschaftlichen Verhältnisse haben sich im Laufe des 20. und 21. Jahrhunderts unweigerlich geändert. Ungleiche Zugangsmöglichkeiten zu Berufen im Frieden und Krieg haben ihre Legitimität verloren.

Durch ihre Beteiligungen am Krieg können Frauen auch, wie vordem Männer, Leitbilder der Gesellschaft sein.

63 Merridale 2006: 372 ff.

Bibliografie

ALEXIJEWITSCH, SWETLANA: *Der Krieg hat kein weibliches Gesicht*, Hamburg 1989.

DIES.: „Erinnerungen gegen den Krieg“, in: *Journalistenfonds des Journalistenverbandes von Belarus*, Minsk 1995 (deutsch und russisch).

ANONYMA: *Eine Frau in Berlin*, Frankfurt am Main 2003.

ARCHENHOLZ, BOGISLAV VON: *Die verlassenen Schlösser*, Frankfurt 1992.

BADINTER, ELISABETH: *Die Mutterliebe*, München 1984.

BAUMEL, JUDITH T.: „Mütter und Kämpferinnen, Geschlechterbilder in israelischen Shoah-Denkmälern“, in: ESCHEBACH, I./JACOBEIT, S./WENK, S. (Hrsg.): *Gedächtnis und Geschlecht*, Frankfurt 2002, S. 343–361.

BEAUVOIR, SIMONE DE: *La Vieillesse*, Paris 1970.

BEEVOR, ANTONY: *Ein Schriftsteller im Krieg. Wassili Grossmann und die Rote Armee 1941–1945*, München 2007.

BOCK, GISELA (Hrsg.): *Genozid und Geschlecht. Jüdische Frauen im nationalsozialistischen Lagersystem*, Frankfurt am Main 2005.

BODE, SABINE: *Die vergessene Generation*, München 2005.

BÖHME, GÜNTHER: *Verständigung über das Alter oder Bildung und kein Ende*, Idstein 1992.

DERS. (Hrsg.): *Geschichte und Geschichten. Das historische Bewußtsein und der Prozeß des Lebens*, Idstein 1997.

BONDY, RUTH: „Frauen in Theresienstadt und im Familienlager in Auschwitz-Birkenau“, in: DISTEL, BARABARA (Hrsg.):

„Wir konnten die Kinder doch nicht im Stich lassen!" – Frauen im Holocaust, Gerlingen 2001, S. 117–142.

Centralblatt für die gesamte Unterrichtsverwaltung in Preußen. Berlin, Jg. 1886. Darin der Abschnitt: „Nichtzulassung von Personen weiblichen Geschlechts zu den Vorlesungen an den Universitäten". Digitalisat der Bibliothek für Bildungsgeschichtliche Forschung des DIPF. Online unter: <https://scripta.bbf.dipf.de/viewer/image/985843438_0028/620/>.

Conze, Eckart: *Von deutschem Adel. Die Grafen von Bernstorff im zwanzigsten Jahrhundert*, Stuttgart 2000.

Ders.: „Aufstand des preußischen Adels", in: *Vierteljahreshefte für Zeitgeschichte* 51/2003, S. 483–508.

Creveld van, Martin: *Frauen und Krieg*, München 2001.

Dedecius, Karl: *Ein Europäer aus Lodz*, Frankfurt am Main 2006.

Die Verfassung des Deutschen Reichs. Vom 11. August 1919. Bundesarchiv Berlin, R5201, Mappe 60, Bl. 123–137.

Dönhoff, Marion Gräfin: „Das ‚heimliche Deutschland' der Männer des 20. Juli", in: *DIE ZEIT* vom 18.7.1946.

Dies.: *„Um der Ehre willen": Erinnerungen an die Freunde vom 20. Juli*, Berlin 1996.

Draaisma, Douwe: *Warum das Leben schneller vergeht, wenn man älter wird*, München 2006.

Eifler, Christine: „Bewaffnet und geschminkt. Zur sozialen und kulturellen Konstruktion des weiblichen Soldaten in Russland und in den USA", in: *L'HOMME* 1/2001, S. 73–98.

Ermann, Michael: „‚Der Körper vergisst nicht'. Gespräch über Begegnungen mit Kriegskindern, die Weitergabe ihrer Traumata an die nächste Generation und die späte Verarbeitung im Alter", in: *Der Spiegel* vom 21.2.2009, S. 46–49.

FIGES, ORLANDO: *Die Flüsterer. Leben in Stalins Russland*, Berlin 2008.

FRENKLIN, ANATOLIJ: *Die Deutschen aus russischer Sicht*, Leinfelden 1995.

GERSDORFF, URSULA VON: *Frauen im Kriegsdienst 1914–1945*, Stuttgart 1969.

GIORDANO, RALPH: *Die zweite Schuld oder von der Last Deutscher zu sein*, Hamburg 1987.

GIRTLER, ROLAND: *Die feinen Leute*, Wien 2002.

GOLDSCHMIDT, DIETRICH (Hrsg.): *Frieden mit der Sowjetunion – eine unerledigte Aufgabe*, Gütersloh 1989.

GOUGES, OLYMPE DE: *Mensch und Bürgerin. Die Rechte der Frau*, Paris 1791, hrsg. und komm. von H. Schröder, Aachen 1995.

GROSSMANN, ATINA: „Opfer, Störenfriede und Überlebende. Wahrnehmung und Selbstwahrnehmung jüdischer Displaced Persons im Nachkriegsdeutschland", in: ESCHEBACH, I./JACOBEIT, S./WENK, S. (Hrsg.): *Gedächtnis und Geschlecht*, Frankfurt am Main 2002, S.297–326.

HAGEMANN, KAREN/SCHÜLER-SPRINGORUM, STEFANIE (Hrsg.): *Heimat-Front, Militär und Geschlechterverhältnisse im Zeitalter der Weltkriege*, Frankfurt am Main 2002.

HAUMANN, HEIKO: *Geschichte der Ostjuden*, München 1990.

HECHT, INGEBORG: *Von der Heilsamkeit des Erinnerns*, Hamburg 1991.

HEER, HANNES (Hrsg.): *„Stets zu erschießen sind Frauen, die in der Roten Armee dienen"*, Hamburg 1995.

HILBERG, RAUL: *Täter, Opfer, Zuschauer. Die Vernichtung der Juden 1933–1945*, Frankfurt am Main 1992.

HILLGRUBER, ANDREAS: *Zweierlei Untergang*, Berlin 1986.

Hitler, Adolf: „Rundfunkansprache zum Attentat vom 20. Juli 1944, 21. Juli 1944, 1.00 Uhr", <https://www.1000dokumente.de/dokumente/audio/0083_ahr_001.mp3>.

Kardorff, Ursula von: *Berliner Aufzeichnungen aus den Jahren 1942–1945*, München 1982.

Karpov, Wladimir: *Russland im Krieg*, Augsburg 1993.

Kempner, Robert: *Ankläger einer Epoche*, Frankfurt 1986.

Keval, Susanna: *Die schwierige Erinnerung*, Frankfurt am Main 1999.

Killius, Rosemarie: *Sei still Kind, Adolf spricht*, Leipzig 2000.

Dies.: *Frauen für die Front*, Leipzig 2003.

Dies.: „Wehrmachthelferinnen im Zweiten Weltkrieg", in: *Militärgeschichte*, Hrsg. vom MGFA 2/2003.

Dies.: „Die ‚Blitzmädchen' oder die weibliche Seite des Krieges", in: *Forschung Frankfurt* 3/2004, S. 46–50.

Dies.: *Maria Cebotari – „Ich lebe, um zu singen"*, Berlin 2021.

Dies.: „Filmkultur – Eine Hommage an Jüdische Filmschaffende", in: *Konsens 2021, Zeitschrift des Deutschen Akademikerinnenbundes.*

Kleine, Georg H.: „Adelsgenossenschaft und Nationalsozialismus", in: *Vierteljahresheft für Zeitgeschichte*, Jg. 26, 1978, S. 100–143.

Klüger, Ruth: *weiter leben. Eine Jugend*, München 1994.

Köstlin, Konrad: „Erzählen vom Krieg – Krieg als Reise", in: *BIOS – Zeitschrift für Biographieforschung und Oral History* 2/1989.

Kogon, Eugen: *Der SS-Staat*, Hamburg 1974.

Kohli, Martin/Kühnemund, Harald (Hrsg.): *Die zweite Lebenshälfte*, Opladen 2000.

Kopelew, Lew: *Aufbewahren für alle Zeit*, München 1979.

Lester, Jane: *An American College Girl in Hitler's Germany*, New York 1999.

Löffler, Klara: *Zurechtgerückt. Der Zweite Weltkrieg als biographischer Stoff*, Berlin 1999.

Loewy, Hanno/Bodek, Andrzej (Hrsg.): *„Les Vrais Riches" – Notizen am Rand. Ein Tagebuch aus dem Ghetto Lodz*, Leipzig 1997.

Longerich, Peter: *Heinrich Himmler*, München 2008.

Markowitsch Hans J./Welzer, Harald: *Das autobiographische Gedächtnis*, Stuttgart 2005.

Martin, Bernd/Schulin, Ernst (Hrsg.): *Die Juden als Minderheit in der Geschichte*, München 1985.

Mascha, Nina und Katjuscha: *Frauen in der Roten Armee 1941–1945*, Katalog zur Ausstellung im Deutsch-Russischen Museum Berlin-Karlshorst, 2003.

Maubach, Franka: *Die Stellung halten. Kriegserfahrungen und Lebensgeschichten von Wehrmachthelferinnen*, Göttingen 2009.

Maurer, Trude: „Abschiebung und Attentat", in: Pehle, Walter H. (Hrsg.): *Der Judenpogrom 1938*, Frankfurt am Main 1988, S. 52–73.

Meding, Dorothee von: *Mit dem Mut des Herzens. Die Frauen des 20. Juli*, Berlin 1992.

Merridale, Catherine: *Iwans Krieg. Die Rote Armee 1939–1945*, Frankfurt am Main 2006.

Mitscherlich, Margarete: *Die friedfertige Frau*, Frankfurt am Main 1985.

Dies.: *Erinnerungsarbeit*, Frankfurt am Main 1987.

Dies.: *Über die Mühsal der Emanzipation*, Frankfurt am Main 1990.

Moltke, Freya Gräfin von: *Erinnerungen an Kreisau 1930–1945*, München 1997.

Nikonova, Olga: „Das große Schweigen – Frauen im Krieg", in: *Kluften der Erinnerung, Russland und Deutschland 60 Jahre nach dem Krieg*. (Zschr.) *Osteuropa* 55. Jahrgang, Heft 4, 2005, S. 186–196.

NITTEL, DIETER: „Zur Relevanz des autobiographischen Erzählens in der Altersbildung", in: SYLVIA KADE (Hrsg.): *Individualisierung und Älterwerden*, Bad Heilbrunn 1994, S.115–138.

NOOTEBOOM, CEES: *Rituale*, Frankfurt am Main 1985.

ORTEGA Y GASSET, JOSÉ: *Vom Einfluss der Frau auf die Geschichte*, Stuttgart 1956.

PAPADOPOULOS-KILLIUS, ROSEMARIE: „Interviews mit ehemaligen russischen Frontkämpferinnen", in: *BIOS – Zeitschrift für Biographieforschung und Oral History*, 1/1995, S. 129–138.

DIES.: „Danach wird alles anders? – Reise nicht nur zu zwei Kindern in der Stalingrader Schlacht", in: *Via Regia, Internationale Zeitschrift für kulturelle Kommunikation*, Heft 30/31, Erfurt 1995.

DIES.: „‚Dann hieß es, der braucht nichts mehr zu essen und zu lesen'. Gespräch mit Ursula von Schlabrendorff", in: *FAZ* vom 31.01.1998.

DIES.: „Gespräch im Museum mit Ursula von Schlabrendorff", in: *Kleine Schriften*, Historisches Museum Frankfurt 1998.

DIES.: „Russische Frauen erleben den Krieg", in: *Praxis Geschichte, Themenheft Wehrmacht und Vernichtungskrieg* 2/99.

DIES.: „Der letzte Akt", in: UEBERSCHÄR, GERD R. (Hrsg.): *Der Nationalsozialismus vor Gericht. Die alliierten Prozesse gegen Kriegsverbrecher und Soldaten 1943–1948*, Frankfurt am Main 1999.

PEHLE, WALTER H. (Hrsg.): *Der Judenpogrom. Von der „Reichskristallnacht" zum Völkermord*, Frankfurt am Main 1988.

PROUST, MARCEL: *À la Recherche du Temps Perdu*, Paris 1964.

REICH-RANICKI, MARCEL: *Mein Leben*, München 2003.

RICHTER, HANS-EBERHARD: *Russen und Deutsche*, Hamburg 1990.

Rosenfeld, Oskar: *Wozu noch Welt. Aufzeichnungen aus dem Ghetto Lodz*, Frankfurt am Main 1994.

Rosh, Lea/Jäckel, Eberhard: *„Der Tod ist ein Meister aus Deutschland". Deportation und Ermordung der Juden. Kollaboration und Verweigerung in Europa*, München 1992.

Saint Martin, Monique de: *Der Adel. Soziologie eines Standes*, Konstanz 2003.

Schlabrendorff, Fabian von: *Offiziere gegen Hitler*, Berlin 1984.

Schulenburg, Tisa von der: *Ich hab's gewagt*, Freiburg 1981.

Dies.: *Was ist aus uns geworden?*, Freiburg 1983.

Dies.: *Des Kaisers weibliche Kadetten*, Freiburg 1983.

Dies.: *Meine dunklen Brüder*, Freiburg 1984.

Dies.: *Umkehr in die Freiheit*, Freiburg 1984.

Schulenburg, Charlotte von der: *Zur Erinnerung*, Nördlingen 1992.

Schwerin, Detlef Graf von: *„Dann sind's die besten Köpfe, die man henkt". Die junge Generation im deutschen Widerstand*, München 1994.

Seidler, Franz W.: *Frauen zu den Waffen*, Koblenz 1978.

Ders.: *Blitzmädchen*, Bonn 1996.

Semprún, Jorge/Wiesel, Elie: *Schweigen ist unmöglich*, Frankfurt 1997.

Simonow, Konstantin: *Russische Menschen*, Moskau 1942.

Soden, Kristine von: *Lust und Last – Sowjetische Frauen von A. Kollontai bis heute*, Berlin 1990.

Stark, Meinhard: „Über Leben im Stalinismus", in: *BIOS – Zeitschrift für Biographieforschung und Oral History*, 2/1991, S. 48–71.

Stephan, Cora: *Das Handwerk des Krieges*, Berlin 1998.

Stupnikova, Tatiana: *Die Wahrheit, die reine Wahrheit und nichts als die Wahrheit*, Berlin 2014.

Welzer, Harald: *Der Krieg der Erinnerung*, Frankfurt am Main 2007.

York von Wartenburg, Marion: *Die Stärke der Stille,* München 1987.

Zipfel, Gaby: „Wie führen Frauen Krieg?", in: Heer, H./ Naumann, K. (Hrsg.): *Vernichtungskrieg. Verbrechen der Wehrmacht 1941–1944*. Hamburg, 1995. S. 460–474.

Personenregister

Alexijewitsch, Swetlana 80, 125, 126, 233
Barner, C.U. von 32, 42
Blaskowitz, Johannes 110
Böselager, Philipp von 29
Dönhoff, Marion Gräfin 24, 25, 30, 234
Erxleben, Dorothea Christine 9
Freisler, Roland 24, 25, 71
Friedrich, Jörg 209
Fuchs, Eduard 41
Gerhardt, Maria 15, 80, 101, 118
Goebbels, Joseph 14, 67, 230
Göring, Hermann Wilhelm 207, 214, 215, 224, 225
Gouges, Olympe de 9, 235
Haeften, Barbara von 69
Halem, Christoph von 61
Hess, Fritz 32, 40
Heß, Rudolf 211, 214
Kempner, Robert 11, 208, 212, 215, 216, 236
Lester, Jane 15, 207, 208, 209, 211, 212, 214, 216, 236
Lobkovskaja, Nina 15, 80, 122, 123, 129, 139
Merridale, Catherine 231, 237
Mitscherlich, Margarete 79, 229, 230, 237
Moltke, Freya von 63, 64, 237
Rung, Ursula 15, 30, 89
Saslawskaja, Lidia 15, 141
Schlabrendorff, Fabian von 26, 29, 51, 57, 58, 62, 70, 239
Schlabrendorff, Ursula von 15, 21, 26, 29, 51, 52, 69, 238
Schulenburg, Fritz-Dietlof von der 25, 27, 28, 33
Schulenburg, Tisa von der 15, 21, 26, 31, 33, 34, 49, 50, 239
Segal, Lilli 15, 155, 163, 164, 165
Sierakowiak, Dorka 15, 158, 181
Stauffenberg, Claus von 24, 25, 26, 27, 28, 43, 69
Stupnikova, Tatiana Sergeevna 15, 208, 209, 217, 226, 227, 240
Tresckow, Henning von 26, 58, 62
Wollstonecraft, Mary 9
York von Wartenburg, Marion 28, 240
York von Wartenburg, Peter 28